中学校数学サポートBOOKS

見てふれて、納得！
中学校数学 おもしろ教材＆授業アイデア

コピーして使える学習具シートつき

√(渋谷 久)² 著

- 光エラトステネスのふるい
- 箱ひげ図作成器
- 相似顕微鏡
- 数学用語スケルトン…

【みる】【さわる】が
確かな理解を促す！

生徒自身に数学の本質をつかませ
活動をもっとアクティブにする
おもしろ教材＆授業が満載！

明治図書

まえがき

　「活動」という言葉が数学教育の世界でも頻繁に使われるようになってから多くの年月が経ちました。中学校新学習指導要領解説においても，「数学的活動」という言葉が使われ，「事象を数理的に捉え，数学の問題を見いだし，問題を自立的，協働的に解決する過程を遂行すること」と述べられています。さらに，「活動的」や「能動的」として「アクティブ」という言葉もよく耳にするようになりました。また，新学習指導要領「指導計画の作成と内容の取扱い」の中には，「各領域の指導に当たっては，具体物を操作して考えたり，データを収集して整理したりするなどの具体的な体験を伴う学習を充実すること」などの「具体物」にかかわる記述もあります。「活動」は，「動くこと」と「働くこと」で，その動きには情意的な動きや思考的な動き，そして具体的操作のような動きも含まれます。

　本書は，個人による現物実験の道具となる数学的学習具とそれを使用する授業を紹介したものです。「数学的学習具」は，数学を学習するために生徒一人ひとりが組み立て，所有，操作できるもので，その経験から行動や認知を変容させ，生徒自身にとって主体的に数学をつくり上げるためのものです。学習具による具体的操作の動きが情意的，思考的な動きをつくります。

　「活動」は，「behavior」「activity」ですが，「活動」には手が必要と考えます。それはイメージの形成には脳とともに筋肉の動きが必要だからです。見てふれて納得する，そのような授業づくりを目指します。「アクティビティ」から両手を取ると生徒は退屈になるかもしれません。生徒の伸びを欠くことになるかもしれません（あくびを漢字で書くと「欠伸」）。生徒自身の手で数学の本質をつかませ，あくびではない真の呼吸をさせたいと考えます。

真の呼吸での学びを生もう

　この書が，学習具の活用や開発による授業づくりのアイデアを視点として，先生方の実践の一助となるとともに，遠慮のないご批判ならびにご叱正をいただければ幸せに思う次第です。

2019年1月

著者　渋谷　久

本書の使い方

● 教材，教具，学習具ってなんだろう

　本書では，教材，教具，学習具を区別しています。

　「教材」は，教育目標を達成するために教育的に編成され，教授・学習活動を促進するための教育・学習内容で，広義には「教具」「学習具」「教育・学習内容」を合わせたものです。「教具」は，教育・学習内容を効果的に教授するために使用される道具です。「学習具」は，生徒自身が経験して学習内容を身につけるための道具で，それは生徒が主体的に学習内容をつくり上げるための媒体です。それに伴い，「学習材」という言葉を使う必要があるかもしれません。

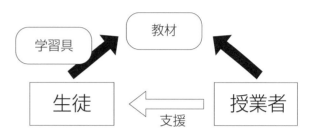

学習具を授業に登場させよう

　本書では，授業づくりのアイテムとして，中学校新学習指導要領（数学）に示される30の内容項目それぞれを学習するための数学的学習具が登場します。型紙を生徒全員に配付し，生徒が組み立て，操作できるもので，個々の活動を保障します。

● 数学的学習具で5つの「しこう」をつくろう

　数学的学習具を取り入れる授業は，「数学的に考える資質・能力」を育成するために必要な次の5つの「しこう」をつくります。

> 「思考」：課題の解決に向けて考える。
> 「志向」：課題を解決するという目標に向かって心が働く。
> 「私考」：自分の考えをもつ。
> 「試行」：課題の解決に向けて，視点を変えていろいろ試みる。
> 「至高」：発展的，創造的な活動から新しい数や図形の性質を見いだし，数学的認識を漸次高める。

　学習具は，具体物で，生徒一人ひとりが所有，操作できるものです。抽象から具体への変換は理解のしやすさや，キュー効果（人を引き込む効果）を生みます。教室にいる全員が，興味や関心を伴って新しい数学の世界へスムーズに入ることができます。全員参加の授業が展開されます。生徒個々が，自分の意思，進み具合で数学にふれ合うこと，主体的に操作，考えることができ，その結果自分の考えをもち，対話的な学びに向かうこともできます。さらに，新し

い数学を見つける可能性も高まります。学習具により，生徒が数学と会話を楽しむことになります。5つの「しこう」は，「数学的に考える資質・能力」を育成する「主体的・対話的で深い学び」をするための基盤です。

● 学習具で「学習過程のもしもし」の変化を生もう

国際的な調査は日本の中学生の「数学の勉強に対する自信」の低さを示しています。数学と接する際に，「もじもじ」と学ぶことにためらっているということです。学習具により5つの「しこう」がつくられ，生徒の様子が変わります。学習具を道具とする個人による現物実験において「もしもし」と問いかけ，実験結果としての情報を得ることができます。さらに「もしも，」そうならば，そうでなければと追究することができるようになります。その学びを外に出したくなり，「申し申し（単なる呼びかけではない）」と語り，表現します。

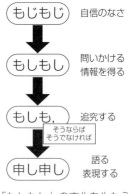

「もしもし」の変化を生もう

● 学習具の開発でO₂をいっぱい発生させよう

学習具の開発のねらいは，生徒の「学習への納得」を生むことです。授業の数だけ固有のリズムがあり，授業者自身の指導における個性や教科書，指導計画，生徒の学習リズムや認知スタイルによって，その違いが表れます。理解や楽しさによる学習の納得は，授業リズムにかなうための学習具を開発することにより生まれます。学習具開発という視点を常にもっておくことは，授業の変容につながり，教える面白みを感じることにもなります。

数学的学習具の開発の手順は，①学習目標の明確化，②数学的概念・原理・法則の構造分析，③授業構想と学習具の必要性の感受，④「ことがら」「具体物」探し，⑤学習具化，⑥学習具の改良（トライアウトを含む），⑦授業での検証，というものです。

---

① 学習目標の明確化：生徒の実態を踏まえ，学習内容と学習目標を明確にする。
② 数学的概念・原理・法則の構造分析：数学的概念・原理・法則の構造を十分に分析する。
③ 授業構想と学習具の必要性の感受：学習内容や学習目標の分析から，学習具の必要性を捉える。
④ 「ことがら」「具体物」探し：数学的概念・原理・法則と構造が同値なことがらや具体物を探す。
⑤ 学習具化：学習具をつくり上げる。
⑥ 学習具の改良：トライアウトを実施し，その結果を基に学習具を改良する。
⑦ 授業での検証：授業で学習具の有効性を検証する。

学習具の開発で考慮しなければならないものに，学習内容の系列があります。生徒が既習の学習内容を道具（tool）にすることは，数学的に思考するエネルギーになります。どの生徒も自分で引き出しを開けて既習事項を取り出すようにさせたいものです。生徒が学習内容をtoolとして自分の中に根づかせて（root）こそ，数学を調べたり，観察したりする（look）ことができます。すなわち，知の財産（goods）をつくることが，数学教育の中枢の課題であり，数学を活用する範囲を広げるための基盤となると考えます。そのためには，反復実行・学び直し（loop）をする機会の設定を意識していかねばなりません。

　"O"が2つ並ぶ単語を多用しましたが，生徒が数学を学ぶ場であくびではない真の呼吸をする（O_2を吸う），そんな学習具の開発をしていきたいものです。

● 本書の活用ポイント

　以下のような点にご留意され，本書をご活用ください。

① 各項目は必ずしも1単位時間で扱うものではありません。使用教科書や指導者の指導リズムに合わせて構成してください。

② 型紙は実際のものを縮小しているものが多く，使用するものの拡大率を示しました。100％は原寸大のことです。

③ 「画用紙」や「厚紙」などで示されているものは，それぞれの紙種の紙に直接印刷するのではなく，型紙を紙に貼るようにした方が印刷が鮮明です。

④ 「学習具の使い方（つくり方）」を生徒に配付すると，組み立てやすくなります。

⑤ 原則として，型紙の太線（─）は切り取り，破線（……）は山折り，長破線（──）は谷折りを表します。

⑥ 紙種で画用紙や厚紙を使用する際は，折り目をはさみやカッターでなぞるときれいにでき上がります。

⑦ 時間，材料の節約から，組み立ての部分分担やクラス単位での再利用が可能です。ただ，組み立てる過程も数学にかかわるイメージを捉えさせる重要な場です。

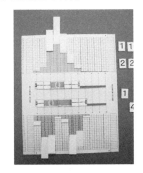
数学的学習具〈箱ひげ図作成器〉

数学的学習具〈光エラトステネスのふるい〉

CONTENTS

授業開き
1年数学メニュー 008
1年生の内容を目と手で捉えよう！

正の数・負の数
ゴルフゲーム 012
正の数と負の数の加法の学びを始めよう！

正の数・負の数
光エラトステネスのふるい 016
素数を観察しよう！

文字を用いた式
文字式が表すゲーム 020
文字式の表現の理解を深めよう！

1次方程式
方程式盤 024
方程式の解き方を体得しよう！

比例，反比例
比例反比例天びん 028
比例と反比例が共存する世界を確かめよう！

平面図形
作図ピース 032
作図の方法を考えよう！

空間図形
位置関係キット 036
直線や平面の位置関係を空間で感じ取ろう！

データの分布の傾向
数字を探せ 040
データの作成と整理の方法を体験しよう！

多数の観察や多数回の試行によって得られる確率
勝率7割力士を育てよう 044
確率の必要性と意味を捉えよう！

2年

授業開き
2年数学メニュー 048
2年生の内容を目と手で捉えよう！

文字を用いた式の四則計算
数学マジック 052
数学の不思議を体験しよう！

連立方程式
連立パズル 056
連立方程式の解の意味を捉えよう！

1次関数
傾きリーダー 060
変化の割合をグラフで捉えよう！

図形の合同
証明10パズル　064
証明の構造を身につけよう！

図形の合同
平面図形の関係ゲーム　068
平面図形の関係を整理しよう！

データの分布の比較
箱ひげ図作成器　072
データの分布の傾向を読み取ろう！

場合の数を基にして得られる確率
折り紙樹形図　076
モンティ・ホール問題を解決しよう！

授業開き
3年数学メニュー　080
3年生の内容を目と手で捉えよう！

式の展開と因数分解
速算めがね　084
展開・因数分解の公式の有用性を実感しよう！

平方根
正方形で埋め続けるーと　088
平方根の近似値を求めよう！

2次方程式
動点イメージ　092
動点問題をつくろう！

関数 $y = ax^2$
グラフの交点　096
関数と方程式のネットワークをつくろう！

図形の相似
相似顕微鏡　100
相似のイメージを豊かにしよう！

円周角と中心角
くるくる四角形　104
円に内接する四角形の性質を見つけよう！

三平方の定理
どのくらいまで見えるかな　108
三平方の定理の有用性を感じよう！

標本調査
鳥は何羽　112
標本調査を体験しよう！

補充的な学習
数学史すごろく　116
数学とそれをつくってきた人々の思いをつなげよう！

補充的な学習
数学用語スケルトン　120
数学を表現する道具を備えよう！

中学校の数学の発展
高校へのかけはし　124
中学校の数学の発展を捉えよう！

1年数学メニュー

1年　授業開き

1年生の内容を目と手で捉えよう！

● どんな学習具？

「学習内容の捉え」で，1学年の数学の内容の構成を見通す場面で使用します。活字的な読み取りではなく，視覚的・操作的にこれからの学習内容のイメージをつくるための学習具〈1年数学メニュー〉です。

〈1年数学メニュー〉は，1学年で学習する8つの内容を1項目5～10分程度の簡単な実験，問題という形で表している学習具の集まりです。具体的な内容を以下に示します。

［1　正の数・負の数］ゴルフを題材にして，負の数の存在を捉えます。さらに，正の数と負の数の計算を自然に体験します。

［2　文字を用いた式］買い物の場面を通して，文字式が計算の過程を表すとともに，1つのことをまとめて表していることを感じ取ります。

［3　1次方程式］てんびんの念頭操作により，未知の重さを求めます。

［4　比例，反比例］12個の黒丸がかかれた紙から，比例，反比例の関係になる数量を取り出します。

［5　平面図形］平面図形を変形するときに，紙片をどのように移動したかを確認します。

［6　空間図形］正四角錐を，平面上の表現や円錐との関係から捉えます。

［7　データの分布の傾向］データを収集して表に整理し，相対度数を求めてデータの傾向を比較します。

［8　多数の観察や多数回の試行によって得られる確率］同様に確からしくないさいころを投げて，ことがらの起こりやすさの傾向を読み取ります。

● 学習具の使い方

〈1年数学メニュー〉を生徒一人ひとりに配付し，実験の方法を表した文を読み，自分のペースで主体的に8つの実験を行うことを指示します。中学校1年の学習内容を，個人による実験という形で，個々の目と手により捉えさせます。感じたことや思ったことを自由に発言させ，自分と周りの人の感じ方や考えを比べられるようにします。

【つくり方】（型紙を141％に拡大）実験の方法を表した文にしたがって進めます。

1 正の数・負の数
ゴルフをします。"S"の位置にこまを置き,さいころを投げて出た目の数だけ進めます。すごろくの上がりの要領で,カップ(穴)に入るまでの打数からパーの数(基準の打数)をひいたものをスコアにします。パーは3です。2回のスコアの合計で競います。

1回目	2回目	合計

2 文字を用いた式
1個 a 円の品物を5個買い,1000円札を出したときのおつりを求めます。〈部品B〉をスライドさせて,品物1個の値段をいろいろな値に変えてみましょう。

〈部品A〉を組み立て〈部品B〉をその中に通します。 ── 切り取り ┈┈ 山折り

3 1次方程式
てんびんのつり合いを保ちながら,左の皿に"x"のおもりが1個だけ載るように頭の中で操作しましょう。"x"のおもりの重さはいくらでしょうか。

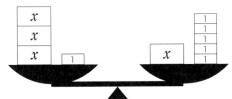

4 比例,反比例
12個の黒丸がかかれた紙を使用して,①と②の表が表す関係を表現しましょう。それぞれAとBをどのようなことにすればよいでしょうか。

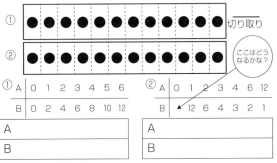

①
A	0	1	2	3	4	5	6
B	0	2	4	6	8	10	12

A	
B	

②
A	0	1	2	3	4	6	12
B		12	6	4	3	2	1

A	
B	

ここはどうなるかな?

5 平面図形
三角形アを固定し,三角形イとウを移動し,正方形→長方形→直角三角形→台形→平行四辺形と変形していきましょう。

── 切り取り

6 空間図形
①展開図を組み立てて,立体の見取図をかきましょう。
②立体を真上から見た図と正面から見た図をかきましょう。
③底面の正方形の周の長さと等しい長さはどの部分ですか。また,底面を,正方形→正五角形→正六角形→…と正多角形で辺の数を増やしていくと展開図はどうなっていきますか。

面を接続するための突起はどちらも立体の表面に出るようにすると組み立てやすい。

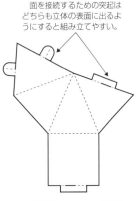

── 切り取り ┈┈ 山折り

7 データの分布の傾向
「1 正の数・負の数」で,クラス全員の1回目のカップに入るまでの打数を下の表に整理してみましょう。さらに,それぞれのクラスの人数をもとにした割合を求めてみましょう。また,ますを1つ増やしてゴルフをしてみましょう。出席番号が偶数の人の打数を整理してみましょう。それぞれの割合は変わるでしょうか。予想してから実験してみましょう。

【ますの数が7個の場合】
打数(打)	人数(人)	クラスの人数をもとにした割合
1		
2		
3		
4		
5		
6		
7		
8		
9		
10		
11		
12		
13		
14		
15		
16		
17		
18		
19		
20		
合計		

【ますの数が8個の場合】
打数(打)	人数(人)	出席番号が偶数の人数をもとにした割合
1		
2		
3		
4		
5		
6		
7		
8		
9		
10		
11		
12		
13		
14		
15		
16		
17		
18		
19		
20		
合計		

〈ますを8個にする部品〉
── 切り取り

8 多数の観察や多数回の試行によって得られる確率
さいころを組み立て,どの目が出やすいか実験してみましょう。クラス全員の傾向もみてみましょう。

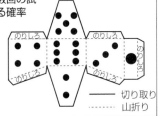

── 切り取り ┈┈ 山折り

● 育てたい主な資質・能力

【知識及び技能】実験を通して，中学校1年の数学の学習内容を捉えることができる。
【学びに向かう力，人間性等】中学校（これから）の数学の学習に対しての自信と意欲，期待をもつことができる。

● 授業の流れ

時	学習活動・教師の働きかけ（○は発問）	生徒の反応・留意点
導入 (5)	○（〈1年数学メニュー〉を生徒一人ひとりに配付し）中学校1年生の数学の内容が目や手でわかるシートです。方法を読んでそれぞれの内容に取り組んでみましょう。1つの項目の時間を5～10分程度にしてください。○時○分に中学校の数学の印象を交流します。 ・1時間の学習活動を把握する。	・前時において数学の学習の仕方を考えたり，授業のルールを確認したりしたことを踏まえる。 ・7と8の項目では，全体のデータも必要であることを伝える。
展開 (40)	○8つの内容に取り組んでください。 ・〈1年数学メニュー〉に取り組む。	・それぞれのペースで進めさせる。
終末 (5)	○中学校の数学の印象を交流しましょう。 ・感じたことや思ったことを自由に発表する。	・数学の学習に対する情意面も発表させる。

● 授業の実際

①導入［1時間の学習活動を把握する］

T （〈1年数学メニュー〉を生徒一人ひとりに配付し）中学校1年生の数学の内容が目や手でわかるシートです。方法を読んでそれぞれの内容に取り組んでみましょう。1つの項目の時間を5～10分程度にしてください。○時○分に中学校の数学の印象を交流します。

②展開［〈1年数学メニュー〉に取り組む］

[1　正の数・負の数] についての場面

S　6出ろ。（さいころを投げて）2。（さいころを投げて）5，2，5，4。スコアは＋2。次は2回目。（さいころを投げて）3，3。これは，－1ですね。合計は，＋2と－1で＋1。

T　＋2と－1をたすと＋1になるのですか？

S　－1は1ひかれることだから。そうですよね。

[2 文字を用いた式] についての場面
S 6年生で似たような勉強しました。文字に数を当てはめるもの。
T 文字は役に立つ印象はありますか？
S 品物1個の値段がいろいろな場合に通用する感じはします。

[3 1次方程式] についての場面
S xを2とするとつり合うので，xの重さは2です。
T xの重さが2の他にはないですか？ 方法を読んで実験してみましょう。
S xと1を(両皿から)1個ずつ取るとxが2であることがわかります。

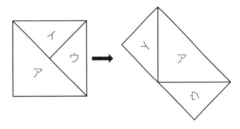
文字を用いた式

[4 比例，反比例] についての場面
S ①は丸が2個ずつになるように切り取り，Aを「紙の枚数」，Bを「丸の総数」とするとこの表になります。比例ですね。
S ②は紙を均等に分けていき，A「紙の枚数」，B「紙1枚あたりの丸の数」。

[5 平面図形] についての場面
S 回転やすべらすことでできます。
T 裏返すことは必要ないですか？
S どの三角形も二等辺三角形で線対称なので必要ないです。

[6 空間図形] についての場面
T この立体を何といいますか？
S 忘れました。習いましたか？ 見取図難しいです。
真上から見ると正方形，正面から見ると二等辺三角形です。
T このように見える立体は他にもありますか？
S 上の点（頂点）がずれているのはあるけれど，だいたい同じ立体です。

平面図形

[7 データの分布の傾向] についての場面
T まず表に整理してみましょう。クラスの人数をもとにした割合も求めてみましょう。
S 1ます増やすと変わりますね。2ます増やすと変わらない気がします。やってみません？

[8 多数の観察や多数回の試行によって得られる確率] についての場面
S 1が1番出やすい気がします。3と4かも。何回投げるんですか？

③**終末 [中学校の数学の印象について交流する]**
T 中学校の数学の印象をどのようにもちましたか？
S アルファベットを使ったり，マイナスを考えたりすることが増えます。
S 図形は分析的に勉強する感じがします。算数は苦手ですが，やっていけそうな気がします。

1年 正の数・負の数

ゴルフゲーム

正の数と負の数の加法の学びを始めよう！

● どんな学習具？

「正の数と負の数の加法」で、負の数の概念、正の数と負の数の計算方法を考える場面で使用します。実際のゴルフをモデル化したもので、そのスコアの方法を利用し、基準より小さな数の表し方や正の数と負の数の大小、加法の計算方法のイメージをつくるための学習具〈ゴルフゲーム〉です。

〈ゴルフゲーム〉は、好奇心をそそるゲームで、ゲームをする中で意識しない間に学習が進んでいる状況になり、コミュニケーションも自然に生まれます。中学校入学直後でまだ生徒同士のかかわりが少ない状況の中で、学びの協働体としての素地をつくります。

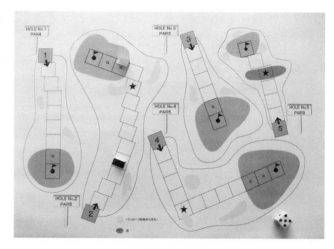

〈ゴルフゲーム〉

● 学習具の使い方

【ゲームのルール】

① 2人1組で、交互にさいころを投げてその目の数だけ自分のこまを進めます。
② 最後のますにぴったり止まるまでの打数を数えます（ぴったり止まらない場合は折り返します）。
③ "G"のますに入った場合は、"G"のますの範囲内で最後のますを目指します（「HOLE5」では"G"のますはありません）。
④ "★"のあるますに止まった場合は、打数を1打加えます（バンカーと池のため）。
⑤ 打数が「PAR」の数の場合のスコアは"0"で、それより多い場合は"＋（プラス）"になります。

【つくり方】（型紙を141％に拡大）さいころとこま2つを用意します。

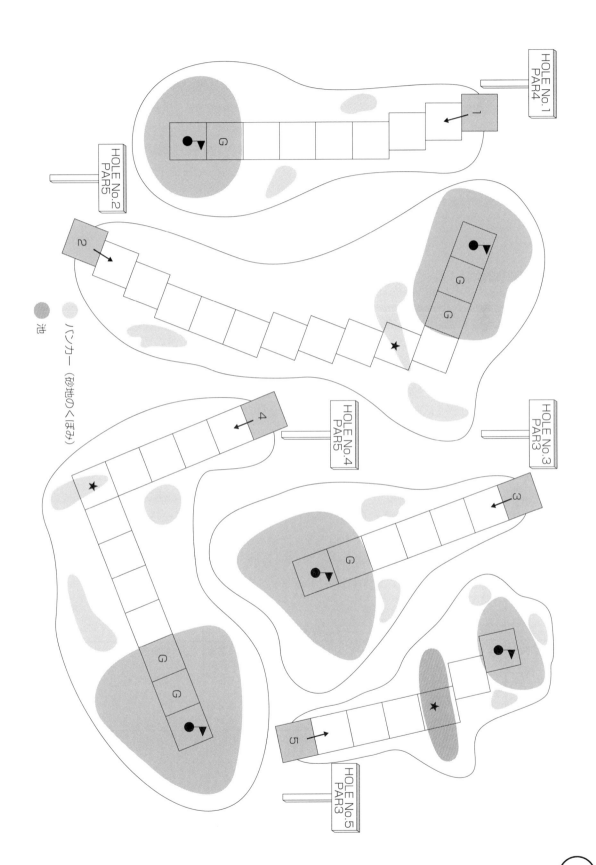

1年　正の数・負の数

● 育てたい主な資質・能力

【知識及び技能】ゲームを通して，基準より小さな数の表し方や正の数と負の数の大小，加法の計算方法のイメージをつくることができる。

【思考力，判断力，表現力等】具体的な場面で，正の数と負の数の加法の計算方法を考察し表現することができる。

【学びに向かう力，人間性等】正の数と負の数の必要性を感じ，その計算方法について学びたいという以後の学習に向かう気持ちをもつことができる。

● 授業の流れ

時	学習活動・教師の働きかけ（○は発問）	生徒の反応・留意点
導入 (20)	○2人で〈ゴルフゲーム〉をしてください。ゲームが終わった後で，4つの質問をします。それに答えることが今日の学習です。 ・ゲームのルールを理解し，勝敗を意識しながらゲームをする。	・対戦型のゲームとして取り扱う。 ・この段階では，4つの質問をマスキングしておく。 ・勝負は運に左右されるため，生徒全員が平等に取り組める。
展開 (20)	○3つの質問に答えましょう。 1．「PAR（パー）」より打数が少ないスコアは，どのように決めましたか？ ・負の数の必要性を捉える。 2．どちらが勝ったかは，どのように決めましたか？ ・正の数と負の数の大小を捉える。 3．（クラス全員のスコアを提示し）数学の問題をつくってください。 ・正の数と負の数の四則計算の方法を見通す。	・ペアから全体への移行により，生徒から求めたい，調べたい内容を引き出す。データをつくる活動が，データの活用につながる1年の学習の見通しをもたせる。
終末 (10)	○4つ目の質問です。この章ではどのようなことを学習すると思いますか？ ・単元の学習内容を見通す。	・学習過程を振り返ることとして発問する。 ・以後の学習に向かう意欲をもたせる。

● 授業の実際

①導入［ゴルフゲームのルールを理解し，ゲームをする］
T　ゴルフゲームのルールを理解しましたか？
　　それでは，ゲームをしましょう。スコアをつけて勝敗を決めてください。
S　（ホール1で）5回なので＋1。"G"があるので（スコアが）収まる。
S　（さいころで4と6が出て）2回なので－2でいいですよね。ゴルフって点数が少ない方が勝つはずだよ。
S　（ホール2で）5回で0。（相手の8打目の際，私は）今3点負けているからこれで上がると同点だよ。

②展開［ゲームをすることから捉えたことを交流する］
T　パーより打数が少ないスコアは，どのように決めましたか？
S　パーより多いことがプラスなので，少ないときは温度と同じでマイナスにしました。
　　実際はどうなんですか？　マイナスがいいって珍しい。
T　どちらが勝ったかは，どのように決めましたか？
S　5ホールのスコアをたして，少ない方が勝ちです。
S　まずプラスの数をたして，そこからマイナスの数の分をひきました。
T　（クラス全員のスコアを提示し）数学の問題をつくってください。
S　「クラスで一番スコアが高い人と低い人の差を求めなさい」
T　（最高スコア－10，最低＋23を提示し）2人の差はいくらですか？
S　0からの差が10と23なので33です。
T　他にはどのような問題がありますか？
S　「クラス全員のスコアの平均点はいくらですか？」です。
　　自分が良いのか悪いのかを知りたいので。＋3なので悪い方だと思いますが。
S　それぞれの組の合計を求めて集めた方が早い。
S　これもプラスの（数）を先にたして，マイナスの（数）をひけばいい。
S　プラスマイナス0をつくった方が（数が）大きくならなくていいと思う。

③終末［これからの学習内容を見通す］
T　この章ではどのようなことを学習すると思いますか？
S　マイナスの数ですね。でも，ゴルフと温度以外で使うことがありますか？
T　そうです。マイナスの数の学習をします。皆さんはもうその計算もしています。なぜマイナスの数が必要なのか，その計算はどのようにするかなどを考えていきましょう。

1年 正の数・負の数

光エラトステネスのふるい

素数を観察しよう！

● どんな学習具？

「自然数を素数の積として表すこと」で，素数を求める場面で使用します。エラトステネスのふるいを光の利用によるイメージを通して，素数について理解し，1から100までの自然数の中での素数の分布を観察するための学習具〈光エラトステネスのふるい〉です。

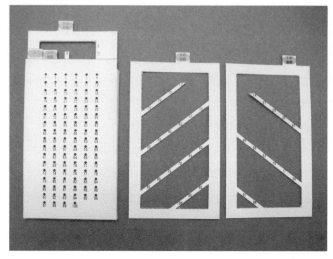

〈光エラトステネスのふるい〉

〈光エラトステネスのふるい〉は，1から100までの自然数の上にある100個の穴を，1，2の倍数，3の倍数，5の倍数，7の倍数，すなわち素数でない数がふさぐことにより，素数に対応する穴のみが残るものです。それを光にかざすと，素数の分布が鮮明に表示されます。

● 学習具の使い方

「台紙」を光にかざしながら，「1」「2の倍数」「3の倍数」「5の倍数」「7の倍数」を順番に入れていきます。最後に光が差し込む穴の位置にある数が素数です。

【つくり方】（型紙を141％に拡大）「台紙」を切り取り，100個の穴を開けて組み立てます。「1」「2の倍数」「3の倍数」「5の倍数」「7の倍数」をそれぞれ切り取ります（その数以外の倍数が残ります。「1」は1のみが残ります）。

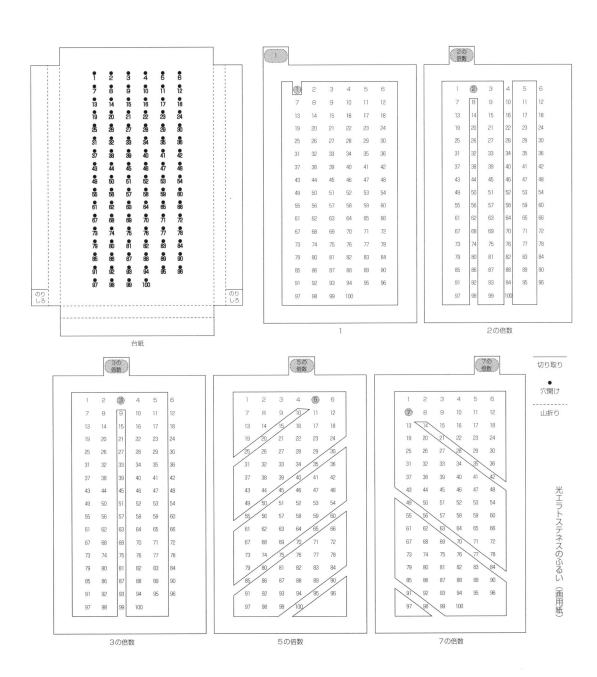

● 育てたい主な資質・能力

【知識及び技能】素数の意味やその分布について捉えることができる。
【学びに向かう力，人間性等】素数の神秘性を知り，数学学習への興味・関心を高め，以後の学習に向かう気持ちをもつことができる。

● 授業の流れ

時	学習活動・教師の働きかけ（○は発問）	生徒の反応・留意点
導入 (10)	○素数という数があります。「それより小さい自然数の積で表せない自然数」や「1とその数以外には約数をもたない数」が素数を表す文です。素数を挙げてください。 ・説明にしたがって素数を挙げる。	・用語「素数」について説明する。 ・「約数が2個の自然数」という文もつけ加える。
展開 (30)	○素数を求めてみましょう。どのように求めますか？ ・素数の求め方について考え，〈光エラトステネスのふるい〉により素数を求める。 ○次は「何の倍数」を使えばいいですか？ ・7の次の素数を考える。 ○素数はどのように分布していますか？ ・学習具上で素数の分布について観察する。	・学習具のように太陽光線を利用して地球の大きさを測定したことなど，エラトステネスの逸話についてふれる。 ・数の消え方を観察させる。 ・1から100までの自然数においては必要なのかを学習具を観察することにより考えさせる。 ・「終末」の「素数が無限に存在するのか」につなげる。
終末 (10)	○素数にかかわる話をします。それは，「素数が無限に存在するのか」と「双子素数」「ゴールドバッハの予想」と呼ばれているものです。 ・素数にかかわる話題について聞く。	・素数が現実の社会でも暗号などで役に立っていることにもふれる。

● 授業の実際

①導入［素数について理解する］

T 素数という数があります。「それより小さい自然数の積で表せない自然数」や「1とその数以外には約数をもたない数」が素数を表す文です。素数を挙げてください。

S 負の数は関係ないので，1，2，3。

S 「それより小さい自然数の積で表せない自然数」ってどういうことですか？

S 例えば，6は2×3と表せるけど，5は1×5としか表せない。1はいいけど，5は5より小さくないから5は素数。

T 1は素数ですか？

S 1の約数は1だけなので，「1とその数以外には約数をもたない数」では素数ということになるけど，「それより小さい自然数の積で表せない自然数」では素数でないことになる。

②展開［素数を求め，その分布について捉える］

T 素数を求めてみましょう。どのように求めますか？

S 1から順番にチェックしていきます。2は約数が1と2しかないので素数。3も。4は約数が1と2と4なので素数ではない。

T 98は素数ですか？

S 1と98の他に2，他にもあるけど，2が約数なので，素数ではない。

T 1から100までの自然数で素数でないものを一挙に消す方法はないですか？

S 偶数を消せばいいです。

〈光エラトステネスのふるい〉により素数を求める。

T 素数はどのように分布していますか？

S 〈光エラトステネスのふるい〉では，1の下と5の下に集まっています。2と3と4と6の下が線として消えるので。

1から100までの素数

③終末［素数にかかわる話題について聞く］

T 素数にかかわる話をします。それは，「素数が無限に存在するのか」と「双子素数」「ゴールドバッハの予想」と呼ばれているものです。

S （話を聞いて）素数は不思議な数ですね。まだ解決していないところも面白いですね。

1年 文字を用いた式

文字式が表すゲーム

文字式の表現の理解を深めよう！

● **どんな学習具？**

「文字を用いた式に表すこと」で，文字式の意味を読み取ることを通して，それが一般的な表現であることを感得する場面で使用します。定着しにくい文字式が表す数量について，ゲームという形の練習を通して，生徒が自分のものにするための学習具〈文字式が表すゲーム〉です。

〈文字式が表すゲーム〉は，さいころを投げて，ますにある文字式に当たる数が出た場合は次のますに進めるゲームです。文字式に当たる数が複数あることを捉え，出た目が文字式に当たるものなのかを，ゲームのコミュニケーションを生む特性から学びます。

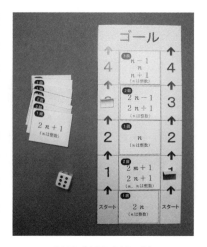

〈文字式が表すゲーム〉

● **学習具の使い方**

2人1組で行います。右上の写真を例にルールを説明します。

【ゲームのルール】
① 「文字式カード」を混ぜて5枚を引き，引いた順に「盤」に並べます。"スタート"に「こま」を置き，条件をクリアすると次のますに進めます。
② 交互に行い，先に"ゴール"に到達した人が勝ちです。
③ "スタート"の横に設置されている「文字式カード（$2n$）」には"1回"と書かれているので，さいころを1回投げて偶数が出ると"1"のますに進むことができます。"3"のますの横に設置されている「文字式カード（$2n-1$，$2n+1$）」には"2回"と書かれているので，さいころを2回投げて2つの続いた奇数が出ると"4"のますに進むことができます。2回または3回さいころを投げる場合において，出る数の順は問いません。

【つくり方】（型紙を141%に拡大）「盤」「文字式カード」「こま」をそれぞれ切り取ります。さいころを用意します。

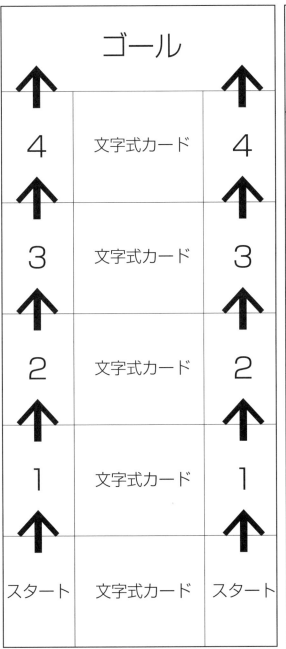

盤

文字式カード

1回 $2n$ (nは整数)	2回 $2m+1$ $2n+1$ (m, nは整数)
1回 $2n+1$ (nは整数)	2回 n $n+1$ (nは整数)
1回 $3n$ (nは整数)	3回 $n-1$ n $n+1$ (nは整数)
2回 $2n$ $2n+2$ (nは整数)	1回 n (nは整数)
2回 $2n-1$ $2n+1$ (nは整数)	1回 n^2 (nは整数)
2回 $2m$ $2n$ (m, nは整数)	1回 n (nは素数)

こま

――― 切り取り
------ 谷折り

● 育てたい主な資質・能力

【知識及び技能】ゲームを通して，いろいろな数量を文字式で表したり，表された式の意味を読み取ったりすることを確実に身につけることができる。

【思考力，判断力，表現力等】ゲームがつくるコミュニケーションを通して，文字式が表す数量について考えることができる。

● 授業の流れ

時	学習活動・教師の働きかけ（○は発問）	生徒の反応・留意点
導入 (10)	○$2n$という文字式は，どのようなものを表しているでしょうか？ ・nの設定も含めて考える。	・多様に捉えることができるとともに，偶数（2の倍数）に着目させる。
展開 (20)	○2人で〈文字式が表すゲーム〉をしてください。 ・ゲームのルールを理解し，こまを進めることができるのかを確認しながらゲームをする。	・対戦型のゲームとして取り扱う。 ・数回行わせ，定着させる。
終末 (20)	○最も時間がかからない「文字式カード」5枚と，最も時間がかかる「文字式カード」5枚を選んでゲームをしてみてください。 ・目的に合った「文字式カード」5枚を選んでゲームをする。 ○今日の学習は次のような2年生，3年生の問題に取り組む際の道具となります。	・学習具による練習として設定する。 ・下の問題を示す。

3つの続いた偶数の和は6の倍数になります。このわけを，文字を使って説明しましょう。
（2年「文字を用いた式の四則計算」）

2つの続いた奇数の積に1を加えると，ある数を2乗した数になることを証明しましょう。
（3年「式の展開と因数分解」）

● 授業の実際

①導入〔ゲームに入るための準備学習を行う〕

T　$2n$という文字式は，どのようなものを表しているでしょうか？
S　1個n円のりんごを2個買ったときの代金。
T　$2n$はどのような整数を表していますか？
S　2，4，6だから偶数です。nが整数だから，-2とか-4もですね。偶数？
T　文字を使うよさは何ですか？
S　1つの式で多くのことを含むことができることです。

②展開［〈文字式が表すゲーム〉を行う］

T　2人で〈文字式が表すゲーム〉をしてください。

S　（「$2n-1$，$2n+1$のカード」で3が出て）
　　5が出ればいいんだよね。

S　順は関係ないので1でもいいよ。

S　（「$2m$，$2n$のカード」で）
　　4と4が出たけど，進んでいいのかな？

S　mとnだと両方とも2ということだからだめじゃない？

T　2人からの質問です。「$2m$，$2n$のカード」で4と4が出たけど，進んでいいかということです。

S　アルファベットが同じだと絶対同じ数，違うと違っても同じでもいいのではないかな？
　　りんごm個とみかんn個を買ったとしたら，個数が同じでもいいことを含んでいます。

S　（「$2m+1$，$2n+1$のカード」で）
　　3と5は続いた奇数だけどいいよね。

S　$2m$と$2n$のときと同じで，奇数が2回なら何でもいいということだと思う。

③終末［文字式が一般的に表現することを練習で深く捉える］

T　最も時間がかからない「文字式カード」5枚と，最も時間がかかる「文字式カード」5枚を選んでゲームをしてみてください。

S　時間がかからないものには「n（nは整数）」，かかるものには3回投げるものを入れます。

S　それぞれ何通りあるか考えてみます。（下の表をつくって）何か変ですね。3つの続いた整数が出やすいと思えない。偶数や奇数は半分は出るし。2回や3回投げる方が出にくい感覚があります。さいころを投げて考えてみます。

文字式	何通り	文字式	何通り	文字式	何通り
$2n$ （nは整数）	3	$2n+1$ （nは整数）	3	$3n$ （nは整数）	2
$2n$，$2n+2$ （nは整数）	4	$2n-1$，$2n+1$ （nは整数）	4	$2m$，$2n$ （m，nは整数）	9
$2m+1$，$2n+1$ （m，nは整数）	9	n，$n+1$ （nは整数）	10	$n-1$，n，$n+1$ （nは整数）	24
n （nは整数）	6	n^2 （nは整数）	2	n （nは素数）	3

T　1年生の最後に学習する内容なのですが，実際にさいころを投げてみることにより見えることもあります。

1年 1次方程式

方程式盤

方程式の解き方を体得しよう！

● どんな学習具？

「1次方程式を解くこと」で，1次方程式を解く方法を確かに習得する場面で使用します。学習具の操作が方程式を変形することのイメージをつくり，式を形式的に操作して解を求めることができることのよさを実感するための学習具〈方程式盤〉です。

〈方程式盤〉は，等式の上で項を操作する練習盤です。項を表すカードは表と裏で符号が変わり，移項を表すことができます。方程式を解くことと式を計算することの違いも体感できます。方程式の意味についても考えることができます。

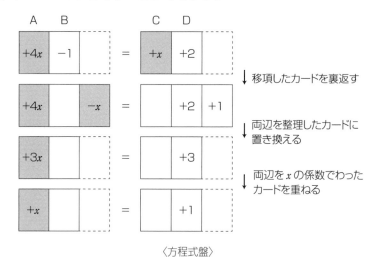

〈方程式盤〉

● 学習具の使い方

「台紙」の上の"AとC"の枠にはxをふくむ項の，"BとD"の枠には数の項の「方程式カード」を載せます。破線で囲まれた枠には移項してきた項の「方程式カード」を裏返して載せます。左辺と右辺それぞれで，同じ色のカードを整理して1つのカードに置き換えます。最後に，両辺をxの係数でわったカードを重ねます。

【つくり方】（型紙を122%に拡大）「台紙」「方程式カード」をそれぞれ切り取ります。「方程式カード」は破線で折り，貼り合わせます。

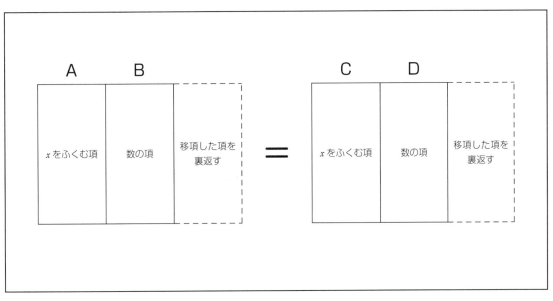

台紙

―――― 切り取り　┄┄┄┄┄ 山折り

$+x$	$-x$	$+2x$	$-2x$	$+3x$	$-3x$	$+4x$	$-4x$
$+1$	-1	$+2$	-2	$+3$	-3	$+4$	-4

方程式カード

● 育てたい主な資質・能力

【知識及び技能】学習具の操作を通して，1次方程式を解く方法を習得することができる。
【思考力，判断力，表現力等】学習具の念頭操作から，恒等式を通して方程式の意味について考え，表現することができる。

● 授業の流れ

時	学習活動・教師の働きかけ（〇は発問）	生徒の反応・留意点
導入 (10)	〇〈方程式盤〉を使い，$4x-1=x+2$ を解いてみましょう。 ・学習具の使い方を理解する。	・方程式を解くことを体感させる。
展開 (35)	〇表にしたがって，「方程式カード」を「台紙」に置きます。方程式を解きましょう。 |	A	B	C	D
---	---	---	---	---
①	$+x$	$+1$		$+4$
②		$+3$	$+x$	-1
③	$+2x$	$+3$		-1
④	$+2x$	$+1$	$+4x$	$+3$
⑤	$-x$	-3	$-3x$	$+1$ | ・「導入」の段階において把握した学習具の使い方により学習具で方程式を解く。 〇なぜ移項はできるのですか？ ・「移項」の理由を説明する。 〇同じカードは必要ありますか？ 表裏を別のカードとして考えることにしましょう。 ・解を見通して，方程式にならない式を見つけ，方程式の意味について考える。	・カードを動かすことが方程式を変形することであることを捉えさせる。 ・既習事項の「移項」の理由について学習具で再確認させる。 ・恒等式についてもふれ，方程式と比較させる。
終末 (5)	〇この「方程式カード」だけで解まで求められる方程式をつくりましょう。 ・条件を踏まえ，方程式をつくる。	・学習具による練習として設定する。

● 授業の実際

①導入［学習具を把握する，方程式の解法を体感する］
T 〈方程式盤〉を使い，$4x - 1 = x + 2$を解いてみましょう。
T （生徒が操作した後で）操作した印象を答えてください。
S 解に近づくにつれてカードが減っていくということです。
S 減らすために同じ色同士を同じ側に集めるということですね。
S 移項は動かして裏返すこと。

②展開［いくつかの方程式を学習具で解く，移項の理由と方程式の意味について再確認する］
T 表にしたがって，「方程式カード」を「台紙」に置きます。方程式を解きましょう。
S 「色がついたものを左辺に，白いものを右辺に集める。移項したら裏返す」ですね。
S ①から⑤までのパターンの違いはわかるけど，することは同じ感覚です。
T なぜ移項はできるのですか？
S （$x + 1 = 4$で）"−1"のカードが2枚あると説明できます。ちょっと待ってください。（"−1"のカードを2枚つくって）両辺に"−1"のカードを置いて，この＋1と−1で0をつくるから，結局移項したのと同じになります。
T 移項をすると，使うカードが少なくて済みますね。
T 同じカードは必要ありますか？ 表裏を別のカードとして考えることにしましょう。
S （学習具を見ながら）xが含まれるカードは必要ないです。例えば，$x + 1 = x + 2$だと，xを移項すると，$0 = 1$になります？ よく考えてみると，もとの方程式は1たしても2たしても同じ数になるということだから，そのような数はないですよね。同じ辺，右辺とか左辺とかに同じ項があってもいいですが，普通ははじめから計算されていますよね。
S $2x + 1 = x + 1$は$x = 0$となるので，数のカードは同じものがあってもいいです。
T $x + 1 = x + 1$では，"x"のカードが2枚必要ないですか？
S $0 = 0$は正しいけど，方程式はxの値を求めることなので。

③終末［方程式をつくる］
T この「方程式カード」だけで解まで求められる方程式をつくりましょう。
S $4x + 1 = 2x + 2$。−4から4までの範囲で方程式をつくればいいですよね。
S でも，最後に困ります。
S えっ，xは$\frac{1}{2}$かあ。
T 使える項を少なくし，解を見通して方程式をつくる練習にしました。

1年 比例，反比例

比例反比例天びん

比例と反比例が共存する世界を確かめよう！

● どんな学習具？

「比例と反比例の利用」で，1つのことがらに潜む比例と反比例を捉え，比例と反比例の関係のイメージをつくる場面で使用します。天びんにかかわる変数や定数の設定により，比例や反比例の関係が表れることを確かめることができる学習具〈比例反比例天びん〉です。

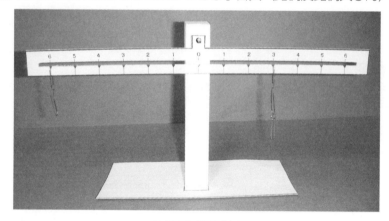

〈比例反比例天びん〉

〈比例反比例天びん〉は，反比例の関係を表す具体的事例としてよく扱われる天びんを学びの対象として，変数や比例定数の値が負の数になる場合や，天びんで比例の関係を表す場合の設定について考えます。適用範囲を広げたり，条件を変えたり，新たな視点で捉え直す，発展的に考える学習を形成します。

● 学習具の使い方

さおの左右にクリップをつるしてつり合わせ，つるす位置の目もりの数を読み取り，クリップの個数との関係を調べます。変域や比例定数が負の数まで広げることができます。

【つくり方】（型紙を141%に拡大）「台紙」に「支柱」を取りつけます。「さお」を「支柱」につまようじを通して取りつけます。おもりとしてクリップを右のようにつくります。2個目からのクリップはもとの形のまま右の形のものにかけていきます。

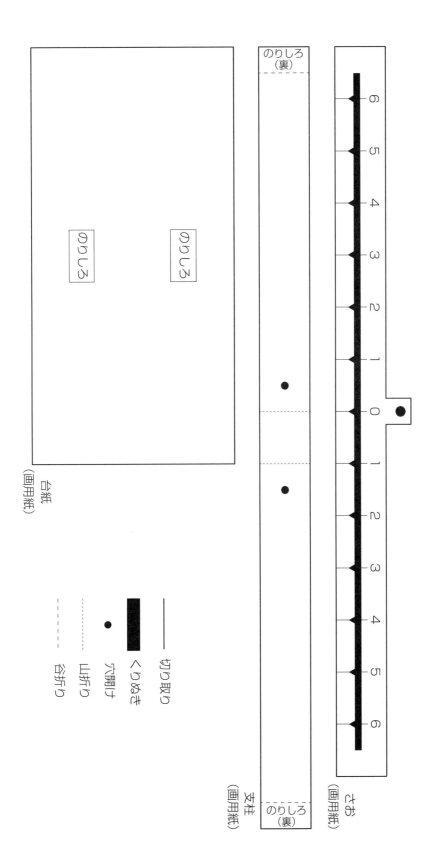

● 育てたい主な資質・能力

【思考力，判断力，表現力等】天びんの操作により反比例を捉え，そこに比例の関係が共存することを見つけることができる。

【学びに向かう力，人間性等】天びんの中に関数が潜み，変数や関数の拡張を捉えて考えようとすることができる。

● 授業の流れ

時	学習活動・教師の働きかけ（〇は発問）	生徒の反応・留意点
導入 (15)	〇天びんのさおの左側の6の目もりの位置にクリップを1個つるします。さおの右側にクリップをいくつかつるし，天びんがつり合うときのクリップをつるす位置の目もりの数とクリップの個数の関係を調べましょう。 ・天びんの操作の中に反比例の関係を確認する。	・小学校における算数や理科の学習を喚起する。
展開 (25)	〇天びんでグラフが2つになるようにするには，どのように考えればいいでしょうか？ ・学習具を対象に負の数の設定を考える。 〇天びんで比例を表現するには，どのような設定にすればいいでしょうか？ ・天びんの操作に比例の関係を探す。	・変域の拡張をすることと異なる関数の存在を焦点化する。 ・0の目もりにクリップをつるす場合（$x = 0$）についても考察させる。
終末 (10)	〇$xy = z$の式を使って，整理，分類することによりまとめましょう。 ・$xy = z$において，定数の設定により，比例と反比例の関係が表れることをまとめる。	・学習過程を振り返ることとして発問する。

● 授業の実際

①導入［反比例の関係を確認する］

T　天びんのさおの左側の6の目もりの位置にクリップを1個つるします。さおの右側にクリップをいくつかつるし，天びんがつり合うときのクリップをつるす位置の目もりの数とクリップの個数の関係を調べましょう（右上の図）。

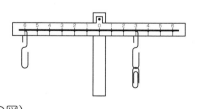

T つり合うときのさおの右側につるすクリップの位置の目もりの数を x，クリップの個数を y 個とし，操作を通して，x と y の関係を，表とグラフと式で表しましょう。
S （グラフをかいて）反比例のグラフになった。
S これ双曲線といっていいのかな？ グラフが1つしかないから。

②展開［変域を負の数に拡張する状況を考える］
T 天びんでグラフが2つになるようにするには，どのように考えればいいでしょうか？
S x や y の値がマイナスにならないと，グラフはここ（第3象限）には現れない。
S さおを数直線と考えると，左の目もりをマイナスにできる。
T さおの左側の目もりの数を負の数にして，表をつくりましょう。操作して考えましょう。
S －6では上向きにクリップ1個の重さ分の力で引けばいいので，それを－1個とする（右の図）。

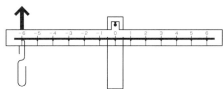

T 個数をマイナスにすることをなぜ思いついたのですか？
S 反比例は x と y をかけた値が同じになることから。でも，クリップの個数でなく，重さと考えると，正の数・負の数で勉強した軽くなることとしてうなずける。

［天びんを題材にした比例の設定を考える］
T 天びんで比例を表現するには，どのような設定にすればいいでしょうか？
S －6にクリップ1個でなくてもいいですよね。
S －6と6にクリップをつけることを考えると，－6につける個数と6につける個数は比例だよね。当たり前すぎるけど。
S －1につけるクリップの数と右側につける1個のクリップの目もりは比例する（右の図）。

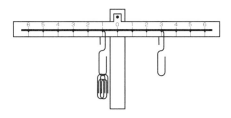

S 反比例の式のここ（比例定数を指して）を変数にして x を変わらないようにすると，式は比例になるから，後でつけるクリップの位置を変えないで，最初につけるクリップの<u>目もりと個数の積</u>は後でつけるクリップの個数に比例する（さらに実験を行い，下線部を「目もりと個数それぞれでも」とする）。

③終末［本時の学習をまとめる］
T $xy = z$ の式を使って，整理，分類することによりまとめましょう。
S これは反比例の式 $xy = a$ に見えるけど，両辺を入れ替えると比例の式 $y = ax$ になる。

1年 平面図形

作図ピース

作図の方法を考えよう！

● どんな学習具？

「基本的な作図の方法」の垂線，線分の垂直二等分線，角の二等分線の作図の方法を考える場面で使用します。作図の手順を機械的に覚えるのではなく，その方法やその有効性を学びの納得のもとで捉えるための学習具〈作図ピース〉です。

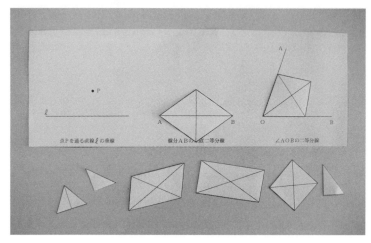

〈作図ピース〉

〈作図ピース〉は，対称性に着目した平面図形の紙片で，学習具としては最も簡単な構造のものです。垂直，線分の二等分，角の二等分の要素をもつ平面図形により，垂線，線分の垂直二等分線，角の二等分線の作図方法を考えます。

● 学習具の使い方

〈作図ピース〉を「台紙」の図形の上に置き，作図方法を考えます。「台紙」の角の二等分線の角に〈作図ピース〉のたこ形を置きます。たこ形の対角線は角を二等分することから，たこ形の1つの頂点を求める方法をたこ形の定義から考えます。その方法から，角の頂点からたこ形の頂点を通る半直線を引く角の二等分線の作図方法を理解します。他のピースも使用しながら，最も有効な作図方法をつくります。

【つくり方】（型紙を122%に拡大）「台紙」〈作図ピース〉をそれぞれ切り取ります。

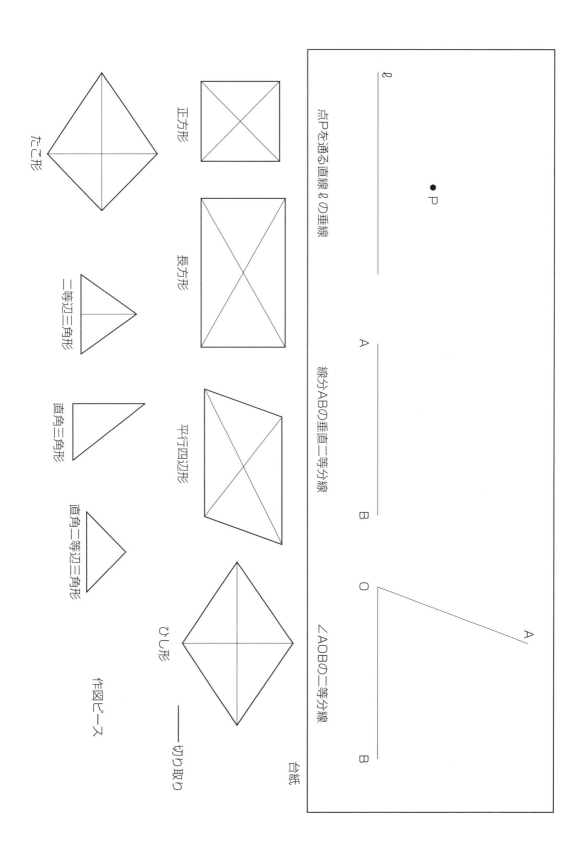

● 育てたい主な資質・能力

【知識及び技能】垂線，線分の垂直二等分線，角の二等分線などの基本的な作図の方法を理解することができる。

【思考力，判断力，表現力等】垂線，線分の垂直二等分線，角の二等分線の作図の手順を，見通しをもって考えることができ，その方法やその有効性を説明することができる。

● 授業の流れ

時	学習活動・教師の働きかけ（○は発問）	生徒の反応・留意点
導入 （5）	○〈作図ピース〉の平面図形は，どのようなものが集められていますか？ ・学習具を把握する。	・図形のもつ共通の性質に着目させる。
展開 （40）	○「台紙」の「点Pを通る直線ℓの垂線」に「作図ピース」を置き，垂線の作図方法を考えましょう。 ○「台紙」の「線分ABの垂直二等分線」を使って，線分の垂直二等分線の作図方法を考えましょう。 ○「台紙」の「∠AOBの二等分線」を使って，角の二等分線の作図方法を考えましょう。 ・学習具の操作を通して，それぞれの作図方法を考える。	・作図の方法を一方的に与えるのではなく，生徒に見つけさせることを重視する。 ・他の方法も考えるように示唆する。
終末 （5）	○今日見つけた3つの作図方法の共通点は何ですか？ ・学習を振り返って，共通点を表現する。	・図形の対称性から統合的に捉えさせる。

● 授業の実際

①導入［学習具を把握する］

T 〈作図ピース〉の平面図形は，どのようなものが集められていますか？

S 三角形と四角形しかないけど，一般的なものはない。

S 平行四辺形以外は直角があります。

T よく気がつきました。これらの平面図形を利用して，垂線，線分の垂直二等分線，角の二等分線を作図する方法を考えます。

②展開〔垂線の作図方法を考える〕

T 「台紙」に「作図ピース」を置き,垂線,線分の垂直二等分線,角の二等分線の作図方法を考えましょう。どの平面図形を使うのかも自分で考えてください。

S (直角三角形を置き)三角定規を使ってかくのと同じことなので,作図ではないですね。

S (たこ形を置き)コンパスでたこ形はかけるので,できそうな気がする。対角線を引けばいいから。

S ひし形でもできそうです。

〔線分の垂直二等分線の作図方法を考える〕

S1 複雑ですができました。平行四辺形をかいて線分を二等分し,その点を底辺の中点とする二等辺三角形をかくと垂直二等分線が引けます。

S ひし形を使うとすぐできます。でも,S1さんの方法のように作図にはいろいろな方法があるのが面白いと思います。組み合わせるといろいろな作図ができるということです。

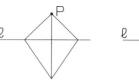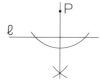
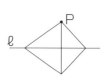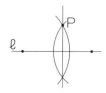

たこ形を利用した垂線の作図

〔角の二等分線の作図方法を考える〕

S これもひし形を使うとできます。

S 私は,たこ形でできました。ひし形の方がコンパスの開き具合をそのままでできるので,素早くできますが。作図はひし形やたこ形の力が大きいですね。

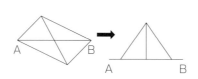

S1が考えた作図方法

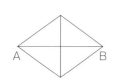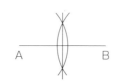

ひし形を利用した線分の垂直二等分線の作図　　たこ形を利用した角の二等分線の作図

③終末〔3つの作図方法の共通点を見つける〕

T 今日見つけた3つの作図方法の共通点は何ですか?

S 使った図形は線対称で,作図は対称の軸を引くことです。

T コンパスが作図の道具である理由はわかりますか?

S 対角線が対称の軸になっているひし形やたこ形をかくために,等しい長さをとるためです。

1年 空間図形

位置関係キット

直線や平面の位置関係を空間で感じ取ろう！

● どんな学習具？

「直線や平面の位置関係」で，空間における直線や平面の位置関係を考察，表現し，平面の位置関係と空間の位置関係の違いを捉える場面で使用します。空間における点や平面の支えとしても使用できるため，平面の決定条件を捉えることもできます。空間を認識する力を豊かにする学習具〈位置関係キット〉です。

〈位置関係キット〉は，2つの「直線」「平面」で構成され，空間図形を考察する際の基本となる位置関

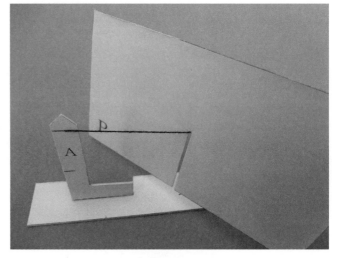

〈位置関係キット〉

係を鮮明に捉えるためのものです。直線を細い糸にし，平面も切り込みを入れ，直線と平面の交わりや平面の交わりを表すことができます。空間における直線や平面の位置関係や平面の決定条件では，平面上にある直線や点について考察する必要があり，そのことにも対応できます。

● 学習具の使い方

「直線」は，糸により直線を表したり，空間における点，平面の支えとしても使用できます。「三角定規」は，直線や平面の垂直をつくるときに使用します。「平面」は，切り込みにより組み合わせることができます。これらにより，直線と直線，直線と平面，平面と平面の位置関係を表すことや平面の決定条件を考えることができます。

【つくり方】（型紙を122%に拡大）「直線」を組み立て，切り込みに糸をはさむことにより直線を表します。「平面」と「三角定規」を切り取ります。

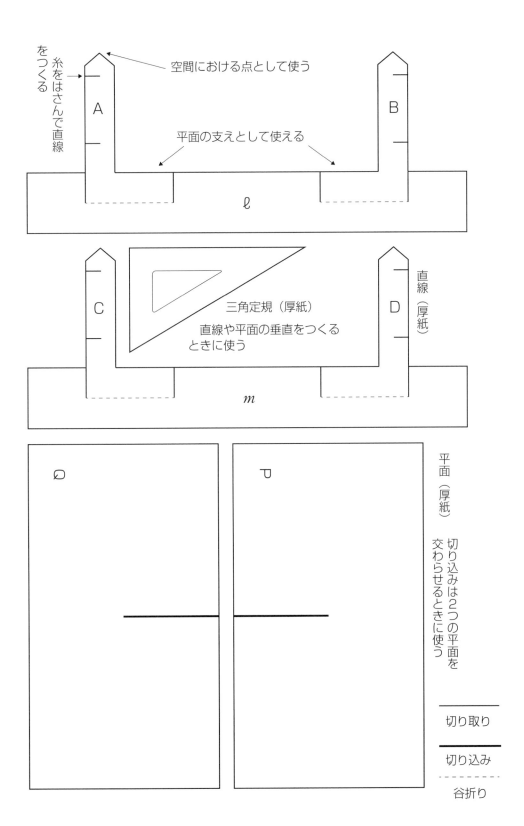

● 育てたい主な資質・能力

【知識及び技能】平面の位置関係と空間の位置関係の違いを捉えることができる。
【思考力，判断力，表現力等】学習具の操作を通して，空間における直線や平面の位置関係を考察し，表現することができる。

● 授業の流れ

時	学習活動・教師の働きかけ（〇は発問）	生徒の反応・留意点
導入 (10)	〇図の立体は直方体を2つに分けてできたものです。この立体について，辺や面の位置関係を答えましょう。 ① 辺ABと辺AD　　② 辺ABと辺DC ③ 辺ABと辺EF　　④ 辺ABと辺HG ⑤ 辺AEと面EFGH　⑥ 辺ADと面EFGH ⑦ 辺ABと面EFGH　⑧ 辺EFと面EFGH ⑨ 面AEHDと面EFGH ⑩ 面AEHDと面BFGC ⑪ 面EFGHと面ABCD ・小学校における未習の位置関係についてもその特徴について考察する。	・学習履歴を踏まえた問題を提示する。 ・「位置関係」という用語を把握させる。 ・小学校における学習から「①垂直，②平行，⑤垂直，⑨垂直，⑩平行」と答えることができる。他は「関係がない」という表現が多い。 ・「答えられること」「答えられないこと」のバランスある共存が課題を生み，それが解決する力となる。
展開 (30)	〇〈位置関係キット〉で，いろいろな位置関係を表してみましょう。 　①直線と直線　②直線と平面　③平面と平面 ・①～③の順番に取り組む。 〇位置関係の中に含まれる関係のそれぞれの特徴を説明しましょう。 ・それぞれの共通点や相違点を説明する。 〇平面が1つに決まる条件を考えましょう。 ・学習具の操作を通して考える。	・それぞれの位置関係を提示するのではなく，学習具の操作を通して生徒自身に見つけ出させる。 ・用語「ねじれの位置」について説明する。 ・直線と直線の位置関係において平面を添えることで，2直線が同じ平面上にあるかを捉えることからつなげる。
終末 (10)	〇最初の問題に取り組んで，空間における位置関係をまとめましょう。	・学習を振り返って，確かなイメージを形成させる。

● 授業の実際

①導入［学習履歴を踏まえた問題に取り組む］
T　図の立体について，位置関係を答えましょう。
T　⑪の面 EFGH と面 ABCD の位置関係は？
S　交わらないので平行？　でも平行とは違う。そのままのばすとぶつかる。
T　立体の面を限りなく広がっている平面，辺を限りなくのびている直線として位置関係を考えてみましょう。

②展開［直線と直線，直線と平面，平面と平面の位置関係について調べる］

直線と直線	直線と直線	直線と平面	平面と平面

交わる（垂直を含む）	ねじれの位置	平行	交わる（垂直を含む）

直線と直線	直線と平面	直線と平面	平面と平面
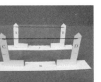			
平行	交わる（垂直を含む）	直線は平面上にある	平行

〈位置関係キット〉による位置関係

T　〈位置関係キット〉で，いろいろな位置関係を表してみましょう。
S　これ（ねじれの位置にある2直線）はくっつかないので平行でいいですか？
T　平行とはどういうことでしたか？　平行をつくって比べてみてください。
S　同じ方向か違う方向かの違いがあるけれどどうなんだろう？
T　平面を直線に添えてみてください。違いはありますか？
S　絶対平行な方は手を放しても平面は落ちないけど，ねじれの位置にある2直線は落ちます。
　その後，「平面の決定条件」にも〈位置関係キット〉を使用して取り組む。

③終末［空間の位置関係をまとめる］
T　最初の問題に取り組んで，空間における位置関係をまとめましょう。
S　最初の問題にはすべての関係がありましたね。

1年 データの分布の傾向

数字を探せ

データの作成と整理の方法を体験しよう！

● **どんな学習具？**

「ヒストグラムや相対度数の必要性と意味」で，ヒストグラムや相対度数の必要性と意味を理解する場面で使用します。2つの集団のデータの収集，ヒストグラムの作成，相対度数を求め，データの傾向を読み取る一連の活動をするための学習具〈数字を探せ〉です。

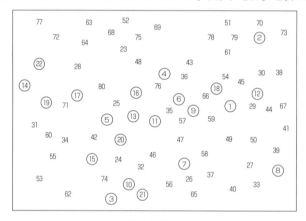

〈数字を探せ〉

〈数字を探せ〉は，1から80までの数字が不規則に配置されたもので（「A」はばらばらで，「B」は20ごとに同じ部分にある），1から80まで順番に数字を探すまでにかかる時間を測定するものです。ゲームの要素を備え，生徒の意欲的な取組のもとデータがつくられます。

● **学習具の使い方**

1から80まで順番に数字を○で囲んでいきます。生徒は80にチェックをしたら，掲示用の時計を見て自分の記録を知ります。黒板に階級を掲示し，指し示して生徒個々に記録を伝える方法もあります（この方法は階級を示すことになります）。「A」では1から80までの数字が不規則に配置され時間がかかりますが，「B」では4等分された部分に20ごとに配置されているため，「A」に比べ時間を要しません。「B」のしくみは生徒には事前には伝えません。

【つくり方】（型紙を100％に拡大）プリントとして使います。「A」「B」を別々に配付します。

● 育てたい主な資質・能力

【知識及び技能】ゲームの記録として得たデータを度数分布表やヒストグラムに整理し，その必要性と意味を理解することができる。

【思考力，判断力，表現力等】ヒストグラムや相対度数を用いてデータの傾向を読み取ることができる。

● 授業の流れ

時	学習活動・教師の働きかけ（〇は発問）	生徒の反応・留意点
導入 (20)	〇1から80までの数字がばらばらに書かれている紙があります。1から80まで順番に数字を〇で囲んでいってください。かかった時間を掲示用時計で測ります。 ・〈数字を探せ（A）〉に取り組み，データをつくる。 〇〈数字を探せ（B）〉を使って取り組んでください。 ・〈数字を探せ（B）〉に取り組み，データをつくる。 〇隣の人とじゃんけんをして勝った人は，「B」におけるデータを提供してください。 ・記録によらないようにデータを提供する。	・対戦型ゲームとして取り扱う。 ・黒板に階級を掲示して指し示し，生徒個々に記録を伝える方法もある。 ・相対度数の必要性につながる大きさの異なる集団のデータをつくる。
展開 (25)	〇全員（「B」は一部）の記録データを度数分布表やヒストグラムに整理しましょう。 ・〈数字を探せ（A）〉と〈数字を探せ（B）〉でのデータを収集し，度数分布表やヒストグラムに表す。 〇〈数字を探せ（A）〉と〈数字を探せ（B）〉ではどちらを使った記録の方がいいでしょうか？ ・ヒストグラムや相対度数，平均値により判断する。	・小学校における「データの活用（データの考察）」を喚起する。 ・用語「ヒストグラム」「相対度数」について説明する。 ・生徒自身に記録の位置も考察させる。
終末 (5)	〇〈数字を探せ（A）〉より記録を低くするためには，どのようなものをつくりますか？ ・データを収集する前段階に踏み込み，「データの活用」における活動を捉える。	・学習具による練習として設定する。 ・統計における問題の発見から結論までのPPDACサイクルを踏まえる。

● 授業の実際

①導入［〈数字を探せ（A）〉〈数字を探せ（B）〉によりデータを収集する］

T　1から80までの数字がばらばらに書かれている紙があります。1から80まで順番に数字を○で囲んでいってください。かかった時間を掲示用時計で測ります。

S　（終了した後で）思ったより時間がかかりましたが，顔を上げている人が少なかったので速い方だと思います。

T　〈数字を探せB〉を使って取り組んでください。

S　（終了した後で）慣れより規則性があるので短縮できました。途中で気がつきましたが。

②展開［度数分布表やヒストグラムに整理し，データの傾向を読み取る］

T　全員の記録データを度数分布表やヒストグラムに整理しましょう。どのようなヒストグラムになると思いますか？

S　山の形になると思います。山の左側にいるような気がします。

T　〈数字を探せA〉と〈数字を探せB〉ではどちらを使った記録の方がいいでしょうか？

S　感触からも「B」の方ですし，グラフも「B」の方が左側にありますし。平均値を求めてみませんか？　どのくらい違うかはっきりします。

T　最も度数の多い階級に入っている人は多いですか？

S　9人と6人ですが，40人のうちの9人と20人のうちの6人ですから，22.5％と30％ということになるので，「B」の方が割合としては多いです。

T　（相対度数について説明する）

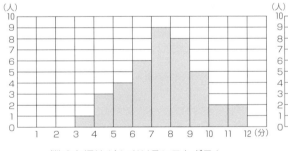 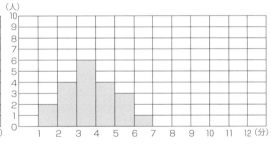

〈数字を探せA〉におけるヒストグラム　　〈数字を探せB〉におけるヒストグラム

③終末［データをつくる対象について考える］

T　〈数字を探せA〉より記録を低くするためには，どのようなものをつくりますか？

S　数字の向きをばらばらにする。大きさをばらばらにするとか。

T　データを活用することには，「問題の発見」「調査の計画」「データの収集」「分析」「結論」というサイクルが大切です。

> 1年

多数の観察や多数回の試行によって得られる確率

勝率7割力士を育てよう

確率の必要性と意味を捉えよう！

● どんな学習具？

「多数の観察や多数回の試行によって得られる確率の必要性と意味」で，不確定な事象の起こりやすさの程度を表す方法について捉える場面で使用します。紙相撲を通して，ゲーム性を加えるとともに，予想できない，実験しなければ得られない確率を求め，その必要性を感じさせる状況をつくるための学習具〈勝率7割力士を育てよう〉です。

〈勝率7割力士を育てよう〉は，紙相撲の力士をつくって，その勝率を実験により求めるものです。〈確率ピラミッド〉と合わせて使用します。〈確率ピラミッド〉は，試行回数による相対度数の変移を見るものです。数学の力を実感させるために，遊びの要素による主体的な活動を起こします。

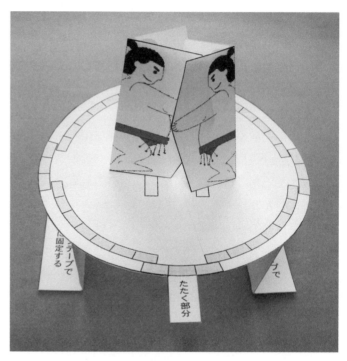

〈勝率7割力士を育てよう〉

● 学習具の使い方

「力士」2人を土俵の上に上げ，「たたく部分」をたたき，どちらかが倒れるか，「土俵」から落ちるまで行います。「勝率7割力士」に力士の絵をかいて切り取ります。〈確率ピラミッド〉については，次ページを参照ください。

【つくり方】（型紙を200％に拡大）「土俵台」を組み立て，「土俵」を取りつけます。「対戦力士」と「力士」をそれぞれ切り取り，組み立てます。

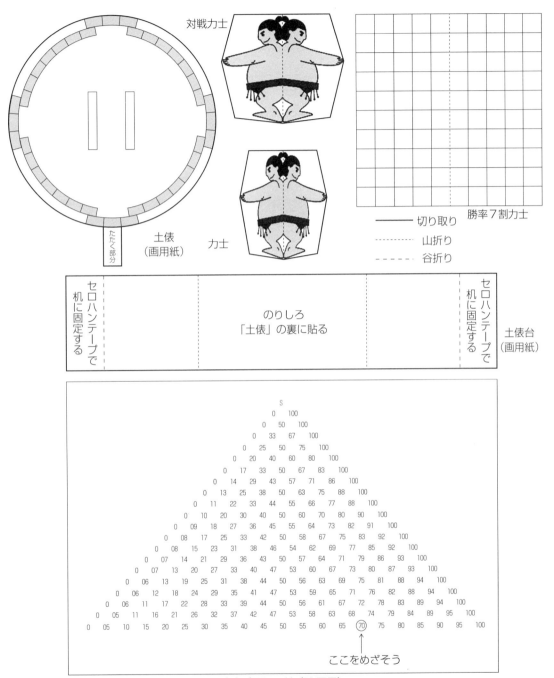

確率ピラミッド（20回用）

頂点にある"S"からスタートして，「勝率7割力士」が勝ったならば右下へ，負けたならば左下へ，鉛筆で数をなぞりながら進みます。底辺まで到達すると，20回の試行をしたことになります。数字は「勝率7割力士」が勝った相対度数の小数第1位と2位を表したもの（小数第3位を四捨五入）です。

● 育てたい主な資質・能力

【知識及び技能】不確定な事象の起こりやすさの程度を表すための確率の意味と必要性を理解することができる。
【学びに向かう力，人間性等】数学の実用性を感得し，数学を学習することへの関心・意欲を高めることができる。

● 授業の流れ

時	学習活動・教師の働きかけ（○は発問）	生徒の反応・留意点
導入 (15)	○「力士」と「対戦力士」で紙相撲をしてみましょう。どちらが強いか予想してから実験してみましょう。 ・予想してから実験する。 ○強い力士はどのくらい強いですか？ ・強さの度合の表し方について考える。 ○どのように勝率を求めますか？ ・勝率の表し方を考え，いくつかの方法の関係を捉える。 ・学習具〈確率ピラミッド〉について把握する。	・遊びの要素により面白みが操作を促進する。 ・試行回数は限定しない。 ・既習の相対度数と関連づける。 ・感覚をより的確に表現するために数学が必要であることを見通させる。
展開 (25)	○「対戦力士」と対戦して勝率が7割の力士を「勝率7割力士」につくりましょう。 ・〈確率ピラミッド〉を使って調べる。 ○勝率を7割としてよいですか？ ・勝率7割の意味を考える。	・確率の必要性をより理解させるための活動とする。 ・用語「確率」について説明する。
終末 (10)	○自分のつくった力士と他の人がつくった力士を対戦させてみましょう。自分のつくった力士の勝つ確率を求めましょう。 ・対戦相手を決めて実験する。	・学習具による練習として設定する。 ・「対戦力士」との勝率から予想はできるが，相性もあり，実験が必要であることを見通させる。

● 授業の実際

①導入［不確定な事象の起こりやすさの程度の表し方について考える］
T 「力士」と「対戦力士」で紙相撲をしてみましょう。どちらが強いか予想してから実験し

てみましょう。
S やはり大きい「対戦力士」が勝つでしょう。（実験して「力士」が勝って）あれっ。
S （生徒全員，何回かの試行を行い）「対戦力士」が強いですね。
T 強い力士はどのくらい強いですか？
S 15回戦って何勝するかで決めたらいいです。
T 15回は大相撲の本場所の日数ですね。皆さんは何回戦わせるのですか？
S 強さは勝率で表せばいいから，何回でもいいです。1，2回じゃまぐれ勝ちもあるので，ある程度の回数はしないと。
T どのように勝率を求めますか？
S 勝った回数を戦った回数でわります。0.6なら6割です。
T この〈確率ピラミッド〉は，20回までの対戦の勝率を求められるものです（「相対度数」を表す数であることを説明する）。

②展開［つくった力士の勝率を調べる］

T 「対戦力士」と対戦して勝率が7割の力士を「勝率7割力士」につくりましょう。
S 絶対勝つとか負けるとかの方がつくりやすいけど，7割はつくって実験してみないとわからない。
S （つくって実験して）5割5分でした。
S ぴったり7割。
T 勝率を7割としてよいですか？
S もう20回してみたいです。その方が確かになる。回数が多い方が7割の証拠になる。
T 〈確率ピラミッド〉は下にいくほど数の値の変化が小さくなって小さな範囲の数に絞られますね。実験を多く繰り返すとき，そのことがらの起こる相対度数が限りなく近づく値のことを，そのことがらの起こる確率といいます。

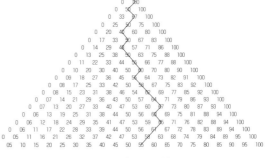

確率ピラミッド

③終末［確率を求める練習をする］

T 自分のつくった力士と他の人がつくった力士を対戦させてみましょう。自分のつくった力士の勝つ確率を求めましょう。
S 「対戦力士」とのそれぞれの勝率から計算できますか？
S これも実際に対戦してみないとわからないですよ。相手が違うので。

2年 授業開き

2年数学メニュー

2年生の内容を目と手で捉えよう！

● どんな学習具？

「学習内容の捉え」で，2学年の数学の内容の構成を見通す場面で使用します。視覚的・操作的にこれからの学習内容のイメージをつくるための学習具〈2年数学メニュー〉です。

〈2年数学メニュー〉は，2学年で学習する7つの内容を1項目5～10分程度の簡単な実験，問題という形で表している学習具の集まりです。具体的な内容を以下に示します。

[1 文字を用いた式の四則計算] カレンダーの数の並びの性質を見つけます。

[2 連立方程式] 2人1組交互のクイズ形式で，四角形と三角形の突起それぞれの総数から"2"と"3"の紙片の個数を当てます。〈覆い〉を上下にずらし，条件を1つにすると，答えが1つに決まらないことを捉えます。

[3 1次関数] クリップの個数に伴って変わるばねののびが一定なこと，xとyの関係が比例や反比例でないことを捉えます。

[4 基本的な平面図形と平行線の性質] 2つの図から新たな図形の性質を導きます。また，新たな図形の性質を表す図の中に2つの図が含まれていることを捉えます。

[5 図形の合同] 紙を折ることによって現れる三角形が二等辺三角形になる理由を考えます。

[6 データの分布の比較] こま型さいころにより2組のデータをつくり，2つの集団のデータの分布について，その違いを表現します。

[7 場合の数を基にして得られる確率] 4面のさいころの目の出方の結果を予想，実験し，起こりやすさの違いを捉え，その理由を考えます。

● 学習具の使い方

〈2年数学メニュー〉を生徒一人ひとりに配付し，実験の方法を表した文を読み，自分のペースで主体的に7つの実験を行うことを指示します。

【つくり方】（型紙を141%に拡大）実験の方法を表した文にしたがって進めます。

1 文字を用いた式の四則計算

ある月のカレンダーの上で，十字形のくりぬきを動かして，どこでも成り立つ5つの数の間の関係を見つけましょう。

日	月	火	水	木	金	土
					1	2	3
4	5	6	7	8	9	10
11	12	13	14	15	16	17
18	19	20	21	22	23	24
25	26	27	28	29	30	31

―― 切り取り

2 連立方程式

2人1組で交互にクイズを出題します。出題者は，黒い四角形の突起と網掛けの三角形の突起のある紙片を2人分合わせ，そのうちのいくつかを横につなげて並べます。数（四角形の突起の数）の書いてある部分を〈覆い〉で隠します。回答者は，"2"と"3"の紙片がそれぞれいくつあるかを当てましょう。次に出題と回答を交替して行いましょう。〈覆い〉を上下にずらし，どちらかの突起のみが見える場合も行ってください。

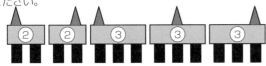

〈覆い〉　　―― 切り取り　　----- 山折り

3 1次関数

紙を折ってつくったばねにクリップをつけ，クリップの個数と紙ばねの長さの関係を調べます。クリップの個数を x 個，紙ばねの長さを y cmとして，表に表してみましょう。

x	0	1	2	3
y				

―― 切り取り
----- 山折り
―・― 谷折り

〈紙ばね〉
一度ばねを縮めて放してから長さを測定します。"↓"の線までをばねの長さとします。

〈台紙〉

4 基本的な平面図形と平行線の性質

2つの図アとイからわかる角の大きさが等しい角を図ウに同じ印をかくことにより示しましょう。

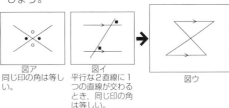

図ア　同じ印の角は等しい。
図イ　平行な2直線に1つの直線が交わるとき，同じ印の角は等しい。
図ウ

5 図形の合同

紙Aを台紙に貼り★印の辺が☆印の紙の裏にくるように折って切り込みに入れます。そこに現れる三角形について調べましょう。

―― 切り取り

6 データの分布の比較

こま型さいころをつくり，2回回します。1回目の数字を十の位，2回目の数字を一の位として，2けたの数を7個つくります。その7個の数を数直線の上に点で記します。もう一度7個の数をつくり，数直線の下に記します。2つの集団のデータの分布について，その違いを表現しましょう。

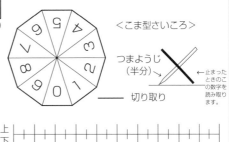

〈こま型さいころ〉
つまようじ（半分）
← 止まったときのこの数字を読み取ります。
―― 切り取り

7 場合の数を基にして得られる確率

4面のさいころを組み立てて，2回投げます。「2回とも同じ印」「それぞれ異なる印」のどちらが起こりやすいかを調べましょう。まず10回ずつ投げてみましょう。その理由も考えましょう。

―― 切り取り
----- 山折り

● 育てたい主な資質・能力

【知識及び技能】実験を通して，中学校２年の数学の学習内容を捉えることができる。
【学びに向かう力，人間性等】これからの数学の学習に対しての自信と意欲，期待をもつことができる。

● 授業の流れ

時	学習活動・教師の働きかけ（○は発問）	生徒の反応・留意点
導入 （5）	○（〈２年数学メニュー〉を生徒一人ひとりに配付し）中学校２年生の数学の内容が目や手でわかるシートです。方法を読んでそれぞれの内容に取り組んでみましょう。１つの項目の時間を５～10分程度にしてください。○時○分に２年生の数学の印象を交流します。 ・１時間の学習活動を把握する。	・前時において数学の学習の仕方を考えたり，授業のルールを確認したりしたことを踏まえる。 ・２の項目は，ペアでの活動になることを伝える。
展開 (40)	○７つの内容に取り組んでください。 ・〈２年数学メニュー〉に取り組む。	・それぞれのペースで進めさせる。
終末 （5）	○２年生の数学の印象を交流しましょう。 ・感じたことや思ったことを自由に発表する。	・数学の学習に対する情意面も発表させる。

● 授業の実際

①導入［１時間の学習活動を把握する］
T （〈２年数学メニュー〉を生徒一人ひとりに配付し）中学校２年生の数学の内容が目や手でわかるシートです。方法を読んでそれぞれの内容に取り組んでみましょう。

②展開［〈２年数学メニュー〉に取り組む］
［１ 文字を用いた式の四則計算］についての場面
S 縦も横も３つの数の和は等しい。
S ５つの数の和が５の倍数になる。
T 違う月でもその性質は成り立ちますか？
［２ 連立方程式］についての場面
S （三角形の突起が５個のみ見える状態で）

連立方程式

5個でこの間隔だから,「3」が3個で,「2」が2個。
S　では下（四角形の突起）も見せますね。
S　12個だから違うね。「3」が2個で,「2」が3個ですか？
[3　1次関数] についての場面
S　けっこう正確ですね。
T　正確とはどこでわかるのですか？
S　クリップ1個あたりののびです。
[4　基本的な平面図形と平行線の性質] についての場面
S　数学は積み上げられるものということですね。図ウを分解して復習できます。でも，ウの性質もすごく当たり前のことに思えます。
[5　図形の合同] についての場面
T　なぜ二等辺三角形だといえるの？
S　（定規で辺の長さを測定して）辺の長さが等しいから。
T　折り方を変えても二等辺三角形になりますか？　学習具の中の等しい角に印をつけてみましょう。

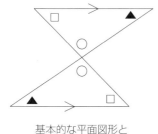

基本的な平面図形と
平行線の性質

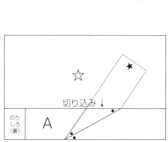

図形の合同

1次関数

[6　データの分布の比較] についての場面
S　広がりの幅が違います。
S　範囲でしたっけ？　私はどちらもほぼ同じだけど，2回目の方の値の6個が50以下です。
[7　場合の数を基にして得られる確率] についての場面
T　どちらが起こりやすいか予想してください。（生徒が予想した後）半々ですね。
S　（実験して）異なる印の方が出やすい。
S　それは，図にしてみてわかりました。

③**終末 [2年生の数学の印象について交流する]**
S　1年生の勉強と似たものもあるけど，図形は体積を求めるような計算には関係がなさそう。最後にしたさいころを投げるものに興味があります。図形はつながっているという感じで，4番目のものと5番目のものもつながっています。（複数人）

2年 文字を用いた式の四則計算

数学マジック

数学の不思議を体験しよう！

● どんな学習具？

「文字を用いた式で捉え説明すること」で，文字式で数量を捉え説明する場面で使用します。マジックを題材にして，不思議さからの学びに向かう力を高め，文字式によりその種（たね）を理解し，その有効性を感得するための学習具〈数学マジック〉です。

$$7 \times 2 + 3 \times 5 \quad + \quad 3$$

〈数学マジック〉

〈数学マジック〉は，相手が選んだ2枚の「カード」に書かれている数を計算させ，その結果から2つの数を当てるものです。具体的な数の計算により規則性を発見し，文字式によってその種を明らかにします。思考する場面においても，操作することが思考を活性化させます。

● 学習具の使い方

相手に「カード」から2枚を選んで，「カード」に書かれている数を使って「マジック台」の上で計算してもらい，その数を聞くことにより，2枚のカードに書かれた数を当てます。マジックのような演出にします。マジックの種を解き明かす際も，変数を変えて繰り返し使用できるため，多くのデータをつくりやすく，規則性の発見につながります。

【つくり方】（型紙を100%に拡大）「カード」と「マジック台」をそれぞれ切り取ります。

0	1	2	3	4
5	6	7	8	9
	ろく			きゅう

カード

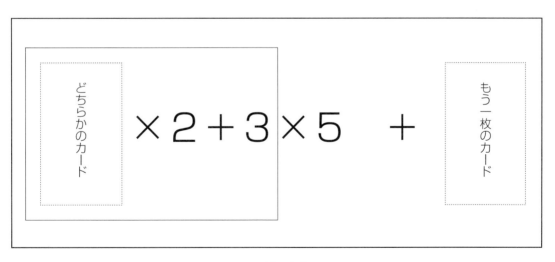

マジック台

―――― 切り取り

2年　文字を用いた式の四則計算

● 育てたい主な資質・能力

【知識及び技能】数学にかかわるマジックの種を数学的に表現・処理することができる。
【思考力，判断力，表現力等】マジックの種の理由を文字式で一般的に考え，説明することができる。
【学びに向かう力，人間性等】文字式の有効性を捉え，課題の解決に生かそうとすることができる。

● 授業の流れ

時	学習活動・教師の働きかけ（○は発問）	生徒の反応・留意点
導入 (10)	○裏返された「カード」から2枚を選んでください。選んだ「カード」に書かれている数を使って「マジック台」の上で計算してください。 どちらかのカードに書かれている数を2倍して3を加えます。その数を5倍してもう1枚のカードに書かれている数を加えます。 ・〈数学マジック〉を使い，計算する。 ○その数を教えてください。「カード」に書かれている数は△と□です。	・マジックとして取り扱い，その面白みが学習を促進する。 ・不思議さを感じさせる。
展開 (30)	○このマジックの種を調べましょう。 ・マジックの種を予想して，他の「カード」を使用して学習具で確かめる。 ○マジックの種の理由を説明してみましょう。 ・自分の方法で説明する。 ○文字式の計算により示すとどうなりますか？ ・マジックの流れを文字式に表して計算する。	・学習具を有効に利用させる。 ・方法を限定しない。 ・文字式の有効性を感得させる。 ・得られた結果からマジックの方法を考えさせる。
終末 (10)	○マジックをつくりましょう。 ・〈数学マジック〉を参考にして，同様なマジックをつくり，他の人に試す。	・文字式による計算を意識させる。

● 授業の実際

①導入［数学にかかわるマジックを体験する］

T 裏返された「カード」から2枚を選んでください。選んだ「カード」に書かれている数を使って「マジック台」の上で計算してください。

T その数を教えてください。「カード」に書かれている数は7と3です。

S ちょっとびっくり。種を教えてください。

②展開［マジックの種とその理由を考える］

T このマジックの種を調べましょう。

　他のカードを使用して，計算した結果の共通する特徴を探す。

T マジックの種の理由を説明してみましょう。

S 2倍して3をたしたものを5倍した数を表にすると，こうなります。すべて一の位が5で，十の位はカードの数より1大きい数という規則性があるので，これだけならすぐわかりますが，後にたすカードの数を当てるのがまだわからない。

カードの数	0	1	2	3	4	5	6	7	8	9
2倍して3をたしたものを5倍した数	15	25	35	45	55	65	75	85	95	105

S 例えば，カードの数が2と7だとすると，計算結果は42になるので，ここから2と7を当てるわけだから，あっ，一の位が5の数に後のカードの数をたすわけだから，たす一の位の数がわかりますね。42だと，一の位が2なので7をたしたことがわかるので，42から7をひいて35，最初のカードの数がわかる。

T 表で解決できましたね。理由を文字式の計算により示すとどうなりますか？

S 最初のカードの数をa，後のカードの数をbとすると，
　$5(2a+3)+b=10a+15+b$ となります。

T この式を見て，カードの数を当てるいい方法はないですか？

S aとbがどのような数でも（式を指して）ここは15なので，15をひくと$10a+b$になり，十の位がaで一の位がbの数になる。

③終末［学習を踏まえ新しいマジックをつくる］

T マジックをつくりましょう。

S 式から考えることにします。

2年 連立方程式

連立パズル

連立方程式の解の意味を捉えよう！

● どんな学習具？

「連立方程式とその解の意味」で，連立方程式の解の意味を捉える場面で使用します。パズルの在り方と連立方程式の必要性とその解の意味とを重ね合わせ，それらのイメージをつくるための学習具〈連立パズル〉です。

〈連立パズル〉は，2種類のピースで正方形や長方形を構成するパズルです。「2のピース」と「3のピース」で面積が25の正方形をつくります。それぞれのピー

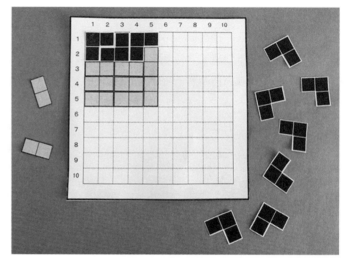

〈連立パズル〉

スの枚数は，2元1次方程式 $2x + 3y = 25$ の解を表します。それは数通りあり，ピースを11枚使うことを指定すると，「2のピース」が8枚，「3のピース」が3枚と解が一意に決まります。この使う枚数の指定は，パズル性の高まりにつながります。知的面白みが数学を学ぶ力となります。遊びの要素を取り入れて，連立方程式の解の一意性を捉えます。

● 学習具の使い方

「2のピース」「3のピース」「4のピース」のうち2種類を使い，「台紙」の上で，ある面積をもつ正方形や長方形をつくります。例えば，「2のピース」「3のピース」で面積21の長方形や面積25の正方形を，「3のピース」「4のピース」で面積36の正方形をつくるなどです。
【つくり方】（型紙を115%に拡大）「2のピース」「3のピース」「4のピース」「台紙」をそれぞれ切り取ります。ピースはそれぞれ10枚ずつあります。

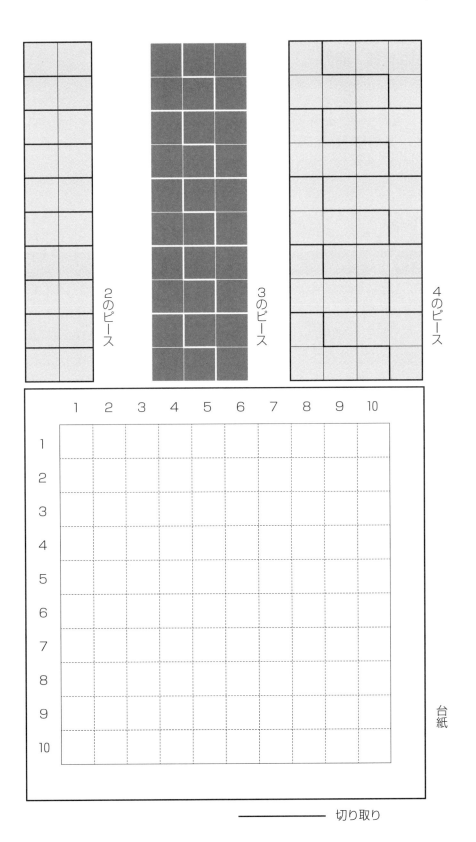

● 育てたい主な資質・能力

【知識及び技能】パズルを通して，2元1次方程式の解の意味と連立方程式の解の一意性のイメージ（2つの未知数の値を求めるには，2つの条件が必要である）を捉えることができる。
【学びに向かう力，人間性等】連立方程式の必要性を感じ，その解き方について学びたいという以後の学習に向かう気持ちをもつことができる。

● 授業の流れ

時	学習活動・教師の働きかけ（○は発問）	生徒の反応・留意点
導入 (15)	○「2のピース」と「3のピース」を組み合わせて，面積が25の正方形をつくりましょう。 ・2と3で25をつくる場合は数通りあることを捉える。 ○「2のピース」を x 枚，「3のピース」を y 枚使うとして式で表現してみましょう。 ・2元1次方程式の解が1つには決まらないことを捉える。	・パズルとして取り扱い，どの生徒も問題を捉え，パズルの面白みが操作を促進する。 ・用語「2元1次方程式」について説明する。 ・1元1次方程式と対比しながら進める。
展開 (20)	○ピースの枚数を1通りに決めるためにはどうすればいいですか？ ・「導入」の段階における他の人の状況を捉え，構想・見通しを立て，新たな条件をつくり，学習具で確認する。 ○新たに加えた条件を式で表すとどうなりますか？ ・2つの2元1次方程式を成り立たせる解は1つに決まることを捉える。	・パズル性を高めることにより焦点化された問題を設定する。 ・学習具の操作が連立方程式の解の一意性のイメージを形成する。 ・用語「連立方程式」について説明する。
終末 (15)	○自分のつくったパズルを方程式で解くことはできますか？ ○「3のピース」と「4のピース」を使ったパズルをつくってください。2種類のピースの枚数が1通りに決まるようにしましょう。 ・ピースの種類を替えて，パズルをつくる。	・学習過程を振り返ることとして発問する。 ・学習具による練習として設定する。 ・他の人と出題者，回答者として交流する。

● 授業の実際

①導入［2元1次方程式とその解の意味について理解する］
T 「2のピース」と「3のピース」を組み合わせて，面積が25の正方形をつくりましょう。
S できました。2が5枚，3が5枚で。　S　2が2つで，3が7つでもできるよ。
S なるべく「3のピース」で埋めていって，余ったところを「2のピース」で埋める。3が8枚だと残りは1で（「2のピース」で埋めるのは）無理なので，次に3が7枚ではとしていくと，3が3枚で，2が8枚でもできると思う。3の枚数が2おきなので1枚でもできる，となると25にするには2は11枚。予想だけど（すぐ学習具で確かめる）。
T 「2のピース」を x 枚，「3のピース」を y 枚使うとして式で表現してみましょう。
S $2x+3y=25$ です。
T このように，2つの文字を含む1次方程式を2元1次方程式といいます。
S 文字に当てはまる数って決定できる？

②展開［連立方程式とその解の意味について理解する］
T この学習具はパズルとしてはどうですか？
S 簡単すぎると思う。普通は最初からピースが決められている。でももっと簡単になっちゃうけど。4通りも答えがあるのが簡単にしている。
T ピースの枚数を1通りに決めるためにはどうすればいいですか？
S 2つのピースとも同じ枚数だとしたら，5枚，5枚になります。
S 2つのピースの合計枚数とか枚数の差とかをいえばいい。
S （2種類のピースの合計枚数を9枚としたパズルをし）確かにパズルっぽい。締まりがあるというか。結局2が2枚，3が7枚と決まる。
T 新たに加えた条件を式で表すとどうなりますか？
S $x=y$　　S　$x+y=9$ とか，$y-x=5$ とか。
T $2x+3y=25$ とこれらの式を組み合わせたものを，連立方程式といいます。2つの条件を表したもので，それをクリアする x，y の値が解です。

③終末［連立方程式の必要性について感じる，練習をする］
S 式はつくりやすいと思うので，移項みたいにすぐ解ける方法があれば便利かもしれない。
S では問題です。「3のピース」と「4のピース」の枚数の合計を11枚にして，面積が36の正方形をつくってください。
T 隣の人のつくったパズルに挑戦しましょう。そのパズルを連立方程式として表し，解も記入しておきましょう。

2年 1次関数

傾きリーダー

変化の割合をグラフで捉えよう！

● どんな学習具？

「1次関数のグラフ」で，変化の割合の意味をグラフで考える場面で使用します。中学校数学科の関数の学習においては，変化の割合の特徴を捉えることが関数の特徴を捉えることで，表，式，グラフをつなぐものが変化の割合です。変化の割合の意味をグラフと関連させて鮮明にするための学習具〈傾きリーダー〉です。

〈傾きリーダー〉は，グラフ上の2点間における x の増加量と y の増加量を，（y の増加量）／（x の増加量）の形で表示します。「座標平面」にグラフをかきます。直線の場合は，どの2点を選択しても，学習具に表される分数は同じ値になります。1点を固定してもう1点を移動させると，

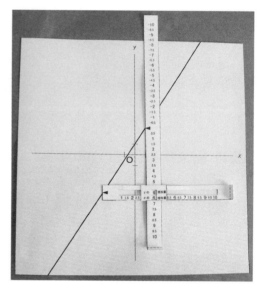

〈傾きリーダー〉

y の増加量が x の増加量に比例することがわかります。曲線の場合は，選択した2点により分数の値は変化します。連続的な操作により変化の割合の変化を観察し，グラフの様相（種類，傾きなど）との関係を捉える学習具です。

● 学習具の使い方

「部品A」と「部品B」をスライドさせて"◀"をグラフ上の2点に合わせます。「部品C」の中央で，その2点間における x の増加量と y の増加量を読み取ります。学習具に示されている数は，x と y の増加量を表します。

【つくり方】（型紙を125％に拡大，「座標平面」は200％に拡大）「部品C」を組み立て，「部品A」を横に通します。次に「部品B」を「部品C」の切り込みに通します。その際「部品A」の後ろを通すようにします。「部品A」と「部品B」は垂直になります。

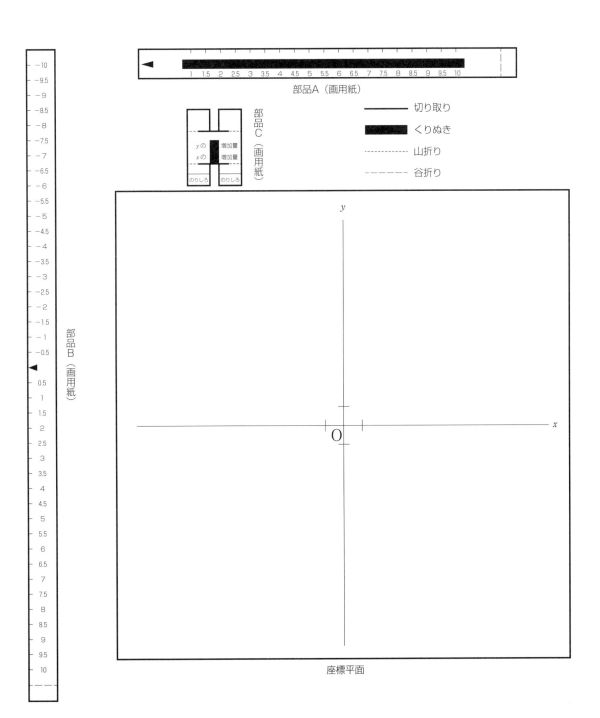

● 育てたい主な資質・能力

【知識及び技能】グラフとの関連を通しての変化の割合の意味や特徴，すなわち①直線のグラフ上の２点間における変化の割合は一定である，②変化の割合が一定である関数のグラフは直線になる，③直線のグラフ上の２点間における y の増加量は x の増加量に比例する，④直線のグラフ上の２点間における x の増加量が１のときの y の増加量は変化の割合である，を捉えることができる。

【思考力，判断力，表現力等】１次関数の変化の割合について，表，式，グラフを相互に関連づけて考えることができる。

● 授業の流れ

時	学習活動・教師の働きかけ（○は発問）	生徒の反応・留意点
導入 (10)	○１次関数の式と表に表されている変化の割合について説明してください。 ・変化の割合の意味を確認する。	・ペアで確認させる。
展開 (30)	○「座標平面」に直線をかいて，その上の２点を何組か選びます。そこで学習具を操作してわかることを挙げましょう。 ・直線上の２点を数組選び，そこに合わせて学習具を置き，変化の割合を読み取り，それが一定であることを捉える。 ○変化の割合が一定にならないグラフをかいて同じように確かめてみましょう。 ・曲線をかいて変化の割合が一定にならないことを確認する。	・グラフが直線ならば変化の割合が一定になることを捉えさせる。 ・学習具が導入で確認した既習学習と新しい学習（グラフにおける変化の割合）をつなげる媒体となるようにする。 ・変化の割合が一定ならばグラフは直線になることを捉えさせる。
終末 (10)	○ y の増加量の窓に変化の割合を表示させるには，学習具をどのように操作するといいですか？ ・グラフを通して，変化の割合の意味を捉える。 ○変化の割合とグラフの様子の関係についてまとめてみましょう。	・学習具による練習として設定するとともに，学習具が自分の考えを確認する道具になるようにする。

● 授業の実際

①導入 ［1次関数の変化の割合の意味を確認する］

T　1次関数の式と表に表されている変化の割合について説明してください。
S　表の x が1増加したときの y の増加分で，それは，$y = ax + b$ の a になる（ペアでの説明）。

②展開 ［1次関数の変化の割合の特徴についてグラフ上で理解する］

T　「座標平面」に直線をかいて，その上の2点を何組か選びます。そこで学習具を操作してわかることを挙げましょう。
S　増加量が整数でないのでぴんとこなかったけど，ここ（学習具の中央）に出る分数を計算したらみんな同じ値になる。
S　y の増加量がマイナスでも同じです。もともと変化の割合が一定だと予想していたから。
T　変化の割合が一定にならないグラフをかいて同じように確かめてみましょう。
S　（波線のような曲線をかいて）場所で違うし，プラスにもマイナスにもなる。反比例のグラフもそうだし。
T　グラフが直線の場合は，どの2点間においても変化の割合は一定になりますね。

［変化の割合が一定の関数のグラフは直線になることを理解する］

T　変化の割合が一定の関数をグラフにすると，必ず直線になりますか？
S　分数を $\frac{3}{2}$, $\frac{6}{4}$, $\frac{9}{6}$ としてみると，縦の部品についている矢印が直線的に移動します。
S　x が2倍，3倍になると，y も2倍，3倍になっている。
S　増加量がですよね。ちょっとでもずれると角度が違う三角形になる。
S　三角形って？
S　縦と横の部品と印（◀）を結んだ直線でできる直角三角形。
T　変化の割合が一定になることとグラフが直線になることは同じことですね。

③終末 ［変化の割合とグラフの傾きの関係について理解する］

T　y の増加量の窓に変化の割合を表示させるには，学習具をどのように操作するといいですか？
S　$\frac{3}{2} \div 1 = \frac{3}{2}$ なので，x の増加量の窓を1にするといい。
S　（実際に操作して）やっぱりそう。
T　変化の割合とグラフの様子の関係についてまとめてみましょう。
S　x の増加量が1のときの y の増加量が変化の割合なので，変化の割合が大きいとグラフは急になる。
S　変化の割合のプラス，マイナスによって直線の向きが決まる。

2年 図形の合同

証明10パズル

証明の構造を身につけよう！

● どんな学習具？

「証明の必要性と意味及びその方法」で，証明を構成することを身につける場面で使用します。パズルの繰り返す操作を生む性質を生かし，基本的な証明をすることに習熟するための学習具〈証明10パズル〉です。

〈証明10パズル〉は，広く知られている「15ゲーム」をアレンジしたもので，証明の要素が書かれている10枚の板を，空所を生かしてスライドさせ，図形の証明を完成するものです。遊びの要素を取り入れてゴールを描きながら操作を行い，証明問題の基本，すなわち2つの三角形の合同による証明の構成を，これから取り組む証明問題の道具とします。

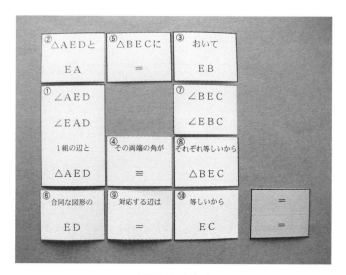

〈証明10パズル〉

● 学習具の使い方

【パズルのルール】
① 〈証明10パズル〉の板をもとの状態に並べます。
② 「はずし板」をはずし，板をすべらせ，証明を完成させます。全体の長方形は形も大きさも変えてはいけません。「はずし板」は"＝"が2つ書かれた色のついたものです。板と板のすき間を取ると，動かしやすいです。
③ 最後に「はずし板」をはめ込んで完成します。

【つくり方】（型紙を100%に拡大）〈証明10パズル〉を切り取ります。

① ∠AED ∠EAD 1組の辺と △AED	② △AEDと EA ④ その両端の角が ≡	③ おいて EB ⑤ △BECに =
⑥ 合同な図形の ED	⑦ ∠BEC ∠EBC	⑧ それぞれ等しいから △BEC
⑨ 対応する辺は =	⑩ 等しいから EC	= =

——— 切り取り

● 育てたい主な資質・能力

【知識及び技能】パズルを通して，証明を構成することを身につけることができる。
【知識及び技能】リスニングテストとパズルを通して，証明の必要性と意味について理解することができる。

● 授業の流れ

時	学習活動・教師の働きかけ（○は発問）	生徒の反応・留意点
導入 (10)	○問題文を読みます。図に表してください。 ・問題文を聞き，図に表す。 線分ABとCDの交点をEとして，EA＝EB，AD//CBならばED＝ECになることを証明しましょう。 （図：A, D が上、C, B が下、中央で交差し交点 E） ○証明の流れはどのようなものですか？ ・証明は，「根拠となることがらを基にして，仮定から結論を導くこと」を確認する。	・リスニングテストとして取り扱う。 ・生徒による長さや角の大きさなどの違いを捉え，証明の必要性と意味の理解につなげる。 ・用語「仮定」「結論」を使って説明させる。
展開 (30)	○「15ゲーム」というパズルをしたことがありますか？それと同じような〈証明10パズル〉でこの問題の解答をつくってください。 ・構想・見通しを立て，〈証明10パズル〉に取り組む。	・パズルとして取り扱い，パズルの面白みが操作を促進する。 ・完成した生徒には他の問題に取り組ませる。線分の平行を証明するための板が含まれる問題を提示する。
終末 (10)	○証明問題に取り組みましょう。 ・基本的な証明問題に取り組む。	・記入に重点を置いた練習として設定する。

● **授業の実際**

①**導入［リスニングテストにより問題を把握する］**
T　問題文を読みます。図に表してください。
S　正解は１つですか？
T　周りの人と比べてみてください。
S　砂時計の形は同じですが，大きさや向きは違います。

②**展開［〈証明10パズル〉に取り組む］**
T　皆さんは「15ゲーム」というパズルをしたことがありますか？　それと同じような〈証明10パズル〉でこの問題の解答をつくってください。
S　最後の１枚がなかなかうまくいかないパズルですね。
S　三角形の辺や角が等しいことを表すもの（式）は順序が入れ替わってもいいですよね。
S　でも，このパズルは答えが１つしかないですね。人によって違う？
S　向きとか形とか違うけど，結局は同じことですよね。
T　証明問題の図は，すべての代表として示されたものです。
S１　（時間が経って）できました。すごく集中していました。
T　Ｓ１さんは違う問題に取り組んでください（線分の平行を証明するための板が含まれる問題を提示する）。
S　適当に動かしているのではなく，完成したものを描いて進めていました。
S　前の時間までの証明問題のほとんどは，書き替えればこのパズルができますね。同じ流れだから。
S２　（パズルが）できません。
S　（Ｓ２に対して）でも答えは頭の中にあるんでしょう？

【板の動かす順序（解答例）】8，7，4，5，7，8，10，9，6，1，2，5，最後に，「はずし板」

②	⑤	③
①	はずし板	⑦
	④	⑧
⑥	⑨	⑩

③**終末［練習問題に取り組む］**
T　証明問題に取り組みましょう。
S　パズルで苦労した分，前よりはすらすら書けます。

> 2年　図形の合同

平面図形の関係ゲーム
平面図形の関係を整理しよう！

● **どんな学習具？**

「特別な平行四辺形」で，平面図形の相互関係について考え，図形のつながりを捉える場面で使用します。ゲームを通して，平面図形の包摂関係を考え，それを鮮明にする学習具〈平面図形の関係ゲーム〉です。

〈平面図形の関係ゲーム〉は，平面図形がかかれている13枚のカードです。カードを並べて，隣接した包摂関係にある図形がかかれているカードを取る操作を，個人で行うための道具です。

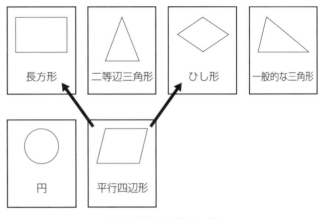

〈平面図形の関係ゲーム〉

● **学習具の使い方**

【ゲームのルール】
① 〈平面図形の関係ゲーム〉を混ぜて裏返しで重ねます。
② 横に4枚ずつ表にして置いていきます。
③ 置いたカードの図形がその左上，真上，右上のカードの図形を含む場合は，カードを取り除くことができます（置いたカードを含めて最高4枚）。空所ができた場合はカードを詰めていきます。その際に新たな含む関係ができた場合でも取り除くことは有効です。上の図で，「平行四辺形」は「長方形」と「ひし形」を含むので，この3枚を取り除きます。「二等辺三角形」「一般的な三角形」「円」をスライドさせ，空所を埋めます。「平面図形」はすべての図形を取り除くことができます。
④ 手持ちカードがなくなるまで行い，残ったカードが少ない方が勝ちです。

【つくり方】（型紙を122%に拡大）〈平面図形の関係ゲーム〉を切り取ります。

一般的な三角形	二等辺三角形	正三角形	直角三角形
直角二等辺三角形	一般的な四角形	平行四辺形	ひし形
長方形	正方形	台形	円
おうぎ形	平面図形		

平面図形の関係ゲーム（画用紙）　　　　　――― 切り取り

● 育てたい主な資質・能力

【知識及び技能】「特別な平行四辺形」を学習した後，ゲームを通して，平面図形の相互関係について考え，図形のつながりを捉えることができる。

● 授業の流れ

時	学習活動・教師の働きかけ（○は発問）	生徒の反応・留意点
導入 (10)	○（「二等辺三角形と直角三角形を線分でつなげた図」と「二等辺三角形と正三角形を線分でつなげた図」を提示し）この線分はどのような意味を示していますか？ ・図形には関係があり，その関係の意味も一意でないことを捉える。	・同じ集合の要素であること，1つの集合に他が含まれることを捉えさせる。 ・図形の定義を確認させる。
展開 (30)	○ゲームのルールを説明します。 ・ルールを理解する。 ○ゲームをしましょう。 ・個人でゲームを行い，結果を他の人と比較する。 ○どのカードが出ることを望んでいましたか？ ・カードの位置を含めて考える。	・「学習具の使い方」に示す図で説明する。 ・結果を比較することでゲーム性を高める。 ・数回繰り返させる。
終末 (10)	○カードの図形の関係を図に表しましょう。 ・ゲームで得たものをまとめる。 ○他の平面図形のカードをつくってみましょう。 ・カードの図形との関係を考えてカードをつくる。	・学習過程を振り返ることとして発問する。 ・「予備カード」を使用させる。

● 授業の実際

①導入［図形の相互関係について理解する］

T （「二等辺三角形と直角三角形を線分でつなげた図」と「二等辺三角形と正三角形を線分でつなげた図」を提示し）この線分はどのような意味を示していますか？

S 同じ三角形のつながりです。　S 正三角形は二等辺三角形の一種です。

T それはなぜですか？

S 少なくとも2辺の長さが等しいからです。

②**展開**［ゲームを行い，平面図形の相互関係について鮮明に捉える］
T　ゲームをしましょう。
S　「平面図形」は早く出たら，「円」は残ってしまうね。
S　いろいろな図形を含む図形はなるべく後に出た方がいいですね。
S　「正方形」と「正三角形」と「直角二等辺三角形」はかなり特別な図形ですね。逆に，「台形」はそれほど特別ではないのですね。
S　三角形と四角形はつながることはあるのかな？
S　「平面図形」としてやっとつながるのではない？　いや，「多角形」…。

③**終末**［図形の関係についてまとめる，練習する］
T　カードの図形の関係を図に表しましょう。
S　特別，特別でないがよくわかりますね。

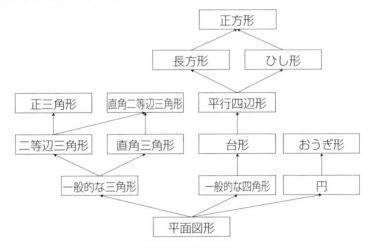

平面図形の相互関係
（関係矢印の終点のものが，始点のものに含まれる関係になる。
「正方形」は「長方形」「ひし形」「平行四辺形」「台形」「一般的な四角形」「平面図形」で取り除くことができる。）

T　他の平面図形のカードをつくってみましょう。
S　「半円」は「おうぎ形」の（図の）上ですね。
S　授業で習った「たこ形」は「ひし形」の下（「平行四辺形」と「ひし形」の間）です。
T　それはなぜですか？
S　対角線が垂直に交わるからです。
S　でも，図からすると「平行四辺形」になってしまうよ。「たこ形」は「一般的な四角形」から矢印が出ると思う。
S　つくったカードを入れてゲームをしてもいいですか？
S　（しばらく考えて）楕円は（図の）どこに入れればいいですか？

2年 データの分布の比較

箱ひげ図作成器

データの分布の傾向を読み取ろう！

● どんな学習具？

「四分位範囲や箱ひげ図の必要性と意味」で，データの分布の傾向の違いを比較し，箱ひげ図の有効性を捉える場面で使用します。データの収集，ヒストグラム・箱ひげ図の作成という流れを通して，データの分布の形と箱ひげ図を結びつけ，分布の傾向を深く読み取り，考察，判断するための学習具〈箱ひげ図作成器〉です。

〈箱ひげ図作成器〉は，「カードさいころ」でつくったデータを整理し，折ることによりヒストグラムを，また部品を合わせることにより箱ひげ図を作成するものです。操作は折る，部品を組み合わせることなので，それらを戻して新たなヒストグラム・箱ひげ図をつくる，すなわち複数の場面を設定することができ，学習の重ねをつくります。

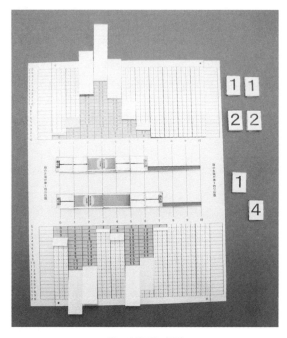

〈箱ひげ図作成器〉

● 学習具の使い方

「カードさいころ」を投げて表の出た数の和を求めます。それを50回試行し，「折ってヒストグラム」で集計していきます。チェックをした部分を谷折りすることにより，ヒストグラムをつくります。「箱」と「ひげ」の必要な部品を，「台紙」の突起の上でつなげて「箱ひげ図」をつくります。また，「折ってヒストグラム」により現れた数を利用して平均値を求めます。

【つくり方】（型紙を141%に拡大）「折ってヒストグラム」を「台紙」に貼りつけます。「ひげ」と「箱」を組み立てます。「カードさいころ」を四つ折りにしてのりづけします。

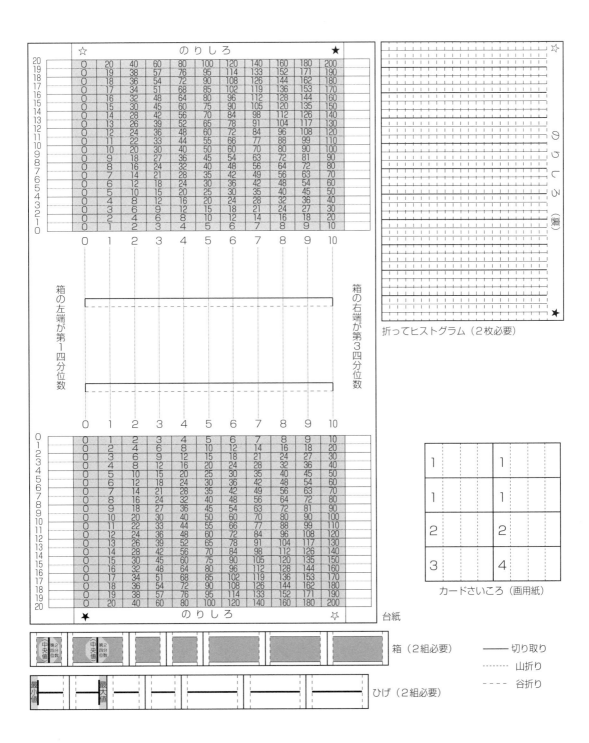

折ってヒストグラム（2枚必要）

カードさいころ（画用紙）

箱（2組必要）

ひげ（2組必要）

―― 切り取り
……… 山折り
― ― ― 谷折り

2年　データの分布の比較

● 育てたい主な資質・能力

【知識及び技能】「カードさいころ」を投げる試行から得たデータをヒストグラム・箱ひげ図として表すことができる。

【知識及び技能】データの分布の傾向の違いを比較し，箱ひげ図の有効性を捉えることができる。

【思考力，判断力，表現力等】データの収集，ヒストグラム・箱ひげ図の作成という流れを通して，データの分布の形と箱ひげ図を結びつけ，データ分布の傾向を深く読み取り，考察，判断，表現することができる。

● 授業の流れ

時	学習活動・教師の働きかけ（○は発問）	生徒の反応・留意点
導入 (15)	○「カードさいころ」（1，1，2，2）を50回投げて，その結果をヒストグラムと箱ひげ図に表し，その特徴を捉えましょう。 ・学習具を把握し，収集したデータをヒストグラムと箱ひげ図に表す。	・「箱ひげ図」について説明する。 ・ヒストグラムと箱ひげ図を対応させて進めさせる。
展開 (30)	○「カードさいころ」（1，1，1，4）で実験して，ヒストグラムと箱ひげ図に表し，（1，1，2，2）の場合と比べてみましょう。 ・2つのデータの分布の傾向を比較する。 ○「カードさいころ」（1，2，3，4）での25回と（1，1，1，1）での25回を実験して合わせてみましょう。（1，1，1，4）の場合と比べてみましょう。 ・2つのデータの分布の傾向を比較する。	・複数のデータの分布の比較により，箱ひげ図の有効性を感じさせる。 ・〈箱ひげ図作成器〉の（1，1，2，2）のヒストグラム，箱ひげ図を（1，2，3，4）と（1，1，1，1）のものに替えさせる。
終末 (5)	○箱ひげ図のよさは何ですか？ ・ヒストグラムと比較して，箱ひげ図の有効性について考える。	・学習過程を振り返ることとして発問する。

● 授業の実際

①導入［対称な分布におけるヒストグラムと箱ひげ図を求め，その特徴を捉える］

T 「カードさいころ」（1，1，2，2）を50回投げて，その結果をヒストグラムと箱ひげ図に表し，その特徴を捉えましょう。では，実験してみてください。どのようなヒストグラムと箱ひげ図になると思いますか？

S 全部裏と全部表は出にくいので，両端が少ないものになる。

T 結果を考察しましょう（下：上の図）。

S 左右対称の山になりました。3を中心に2と4の間に集まっています。

S それは箱ひげ図からもわかります。箱ひげ図も左右対称になりました。

②展開［複数の集合のデータの分布の傾向を比較する］

T 「カードさいころ」（1，1，1，4）で実験してみましょう。（1，1，2，2）の場合と比べてみましょう（右：中央の図）。

S 両端と真ん中が低い形になりました。平均値と範囲も変わらないけれど，箱ひげ図の箱の長さが違う。

T それはどのようなことを表していますか？

S 真ん中が少ない。

T 「カードさいころ」（1，2，3，4）での25回と（1，1，1，1）での25回を実験して合わせてみましょう。（1，1，1，4）の場合と比べてみましょう（右：下の図）。

S ひげの長さが長い。箱の長さは（1，1，1，4）と変わらない。データがどこかに集まらず，広い範囲にあるということですね。

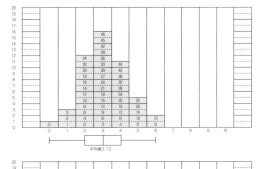

③終末［箱ひげ図の有効性について考える］

T 箱ひげ図のよさは何ですか？

S ヒストグラムよりつくるのが簡単なことです。分布の様子を大まかに見ることができる。

S いくつかのものを比較しやすいことです。ヒストグラムは重ねられないから。

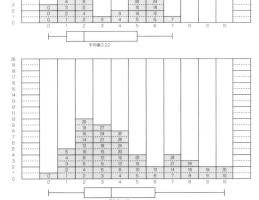

2年 場合の数を基にして得られる確率

折り紙樹形図

モンティ・ホール問題を解決しよう！

● どんな学習具？

「確率を求めること」で，場合の数を基にして確率を求める際，場合の数をカウントする樹形図が有効な方法であることを捉える場面で使用します。折ることにより樹形図をつくることができ，繰り返し利用ができるため，それぞれのことがらの相違を感じ取れる学習具〈折り紙樹形図〉です。

また，モンティ・ホール問題は，確率を題材とした感覚と実際のずれが生じやすく，生徒の興味・関心をひきやすいものです。モンティ・ホール問題のドアを開くことと〈折り紙樹形図〉の折ることが似ているため，2つの学習具を使用する設定にしました。〈折り紙樹形図〉は，カード，コイン，玉，じゃんけん，くじなどの問題にも適用できます。

● 学習具の使い方

すべての破線を谷に折ります。必要な部分を開いていきます（ドアを開く感覚を味わえます）。不要な部分は裏になったままです。下の樹形図と〈折り紙樹形図〉は同じことを表しています。

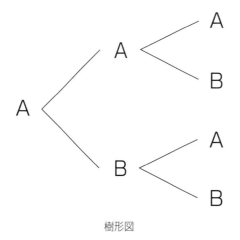
樹形図

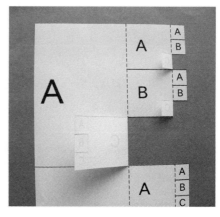
〈折り紙樹形図〉

【つくり方】（型紙を100%に拡大）〈折り紙樹形図〉と「モンティ・ホール問題」をそれぞれ切り取ります。「モンティ・ホール問題」は，破線を山折りして貼りつけます。

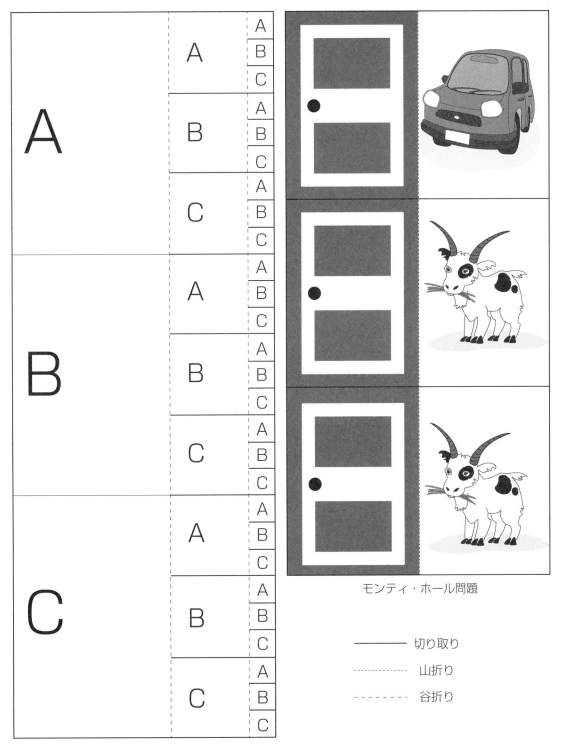

モンティ・ホール問題

折り紙樹形図

―――― 切り取り
……… 山折り
- - - - - 谷折り

2年 場合の数を基にして得られる確率

● 育てたい主な資質・能力

【知識及び技能】場合の数を基にして得られる確率の意味を，1年で学習した多数の観察や多数回の試行によって得られる確率との関係を通して，理解することができる。

【学びに向かう力，人間性等】モンティ・ホール問題を通して，感覚と実際のずれを数学が解決することを実感することができる。

● 授業の流れ

時	学習活動・教師の働きかけ（〇は発問）	生徒の反応・留意点
導入 (10)	〇3つのドアがあり，1つのドアの後ろには車があり，残りの2つのドアの後ろにはヤギがいます。車のドアを開けると車が賞品としてもらえます。2人1組で出題者と挑戦者を決めて取り組んでみましょう。 ・〈モンティ・ホール問題〉を使って取り組む。 〇車が当たる確率はいくらですか？	・ゲームとして取り扱い，どの生徒もゲームの面白みがこれからの活動を活性化する。 ・1年の確率の学習を喚起する。
展開 (35)	〇挑戦者は1つのドアを選び，出題者の顔色を見てもう一度選び直すことができるとします。もしAを当たりとすると，ドアを変える場合と変えない場合では，どちらが当たりやすいでしょうか？ ・〈折り紙樹形図〉を使用して考える。 〇次のような設定の場合，ドアを変える場合と変えない場合ではどちらが当たりやすいでしょうか？ 挑戦者が1つのドアを選び，出題者は残りの2つのドアからヤギのいるドアを1つ開けます。挑戦者は開いていない2つのドアから1つを選びます。 〇実際に実験してみましょう。 〇実験結果の理由について，〈折り紙樹形図〉を使用して，Aを当たりとして考えてみましょう。	・用語「樹形図」について説明する。 ・樹形図を利用して確率を求めることができることを捉えさせる。 ・「モンティ・ホール問題」という名称を伝える。 ・同様に確からしくない枝があることを見つけさせ，樹形図を利用する際に着目すべき点として捉えさせる。 ・〈確率ピラミッド〉（p.45）を使用させる。 ・樹形図，場合の数，確率の流れを定着させる。
終末 (5)	〇1年生のときに学習した何回も実験して求める確率とは関係がありますか？	・関連づけて捉えさせる。

● 授業の実際

①導入［簡単な確率について確認する］

T 3つのドアがあり，1つのドアの後ろには車があり，残りの2つのドアの後ろにはヤギがいます。車が当たる確率はいくらですか？

S （ペアで5回の試行を行い）1回だけ当たり。

S 確率$\frac{1}{3}$だから。もう1回やってみて当たれば，普通。

②展開［樹形図を利用して確率を求める］

T 挑戦者は1つのドアを選び，もう一度選び直すことができるとします。もしAを当たりとすると，ドアを変える場合と変えない場合では，どちらが当たりやすいでしょうか？

S 顔色に出る人もいるので最初に選んだものを変えるべきか，変えないべきかのヒントにはなると思うけど，変えた方が当たりやすいかはわからない。

T 〈折り紙樹形図〉を使って，起こりうる場合は何通りあるか表してください。

S 9通りです。変える場合は6通り，変えない場合は3通りです（下：左の図）。

T モンティ・ホール問題について考えてみましょう。

S 五分五分だと思ったけれど，実験すると変えた方が当たりやすい。

T その理由を〈折り紙樹形図〉を使って，考えてみましょう。

S 樹形図では変えても変えなくても同じということになります。もう一度実験してみたい気もしますが，みんなも変えた方が当たりやすかったので（下：中央の図）。

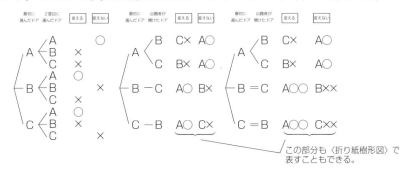

T 6通りそれぞれの場合の起こりやすさは等しいですか？

S BやCからの枝は選びようがない。

③終末［統計的（経験的）確率と数学的確率との関連を捉える］

T 1年生のときに学習した何回も実験して求める確率とは関係がありますか？

S 実験を何回もしたときの確率は，樹形図で求める確率に近くなる。

3年 授業開き

3年数学メニュー

3年生の内容を目と手で捉えよう！

● どんな学習具？

　「学習内容の捉え」で，3学年の数学の内容の構成を見通す場面で使用します。視覚的・操作的にこれからの学習内容のイメージをつくるための学習具〈3年数学メニュー〉です。

　〈3年数学メニュー〉は，3学年で学習する8つの内容を1項目5〜10分程度の簡単な実験，問題という形で表している学習具の集まりです。具体的な内容を以下に示します。

［1　式の展開と因数分解］図形を切り離し組み合わせて長方形をつくり，（75＋25）×（75－25）で計算できることを確認します。

［2　平方根］面積1の正方形2つから面積が2の正方形をつくり，その1辺の長さは2乗すると2になる数であることを確認し，その値を測定します。

［3　2次方程式］式 $x(18-2x)=36$ をつくり，新しい方程式であること，さらに紙を折り曲げて解が3と6の2つあることを確認します。

［4　関数 $y=ax^2$］直角三角形を動かしながら，表を完成させ，1次関数や比例，反比例とは異なる関数であることを捉えます。

［5　図形の相似］輪ゴムを利用して2倍に拡大した図形をかきます。

［6　円周角と中心角］三角形の頂角の頂点が円周上に並び，広げた四角形の頂点がその円の中心に位置することを捉えます。

［7　三平方の定理］3つの正方形に囲まれた直角三角形ができます。直角三角形の斜辺を1辺とする正方形が，他の2辺をそれぞれ1辺とする正方形の面積の和に等しいことを確認します。

［8　標本調査］無作為に抽出した5つのますの中の点の数の平均値を36倍して，全ますの数の点の数を求め，実際（100個）と比較します。

● 学習具の使い方

　〈3年数学メニュー〉を生徒一人ひとりに配付し，実験の方法を表した文を読み，自分のペースで主体的に8つの実験を行うことを指示します。

【つくり方】（型紙を141％に拡大）実験の方法を表した文にしたがって進めます。

1 式の展開と因数分解

$75^2 - 25^2$ は右の図形の面積を求める式です。この図形を切り離し組み合わせて変形し、この計算を簡単にできる方法を考えましょう。

——— 切り取り

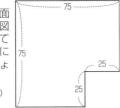

2 平方根

1辺の長さが1の正方形2つから1つの正方形をつくりましょう。その正方形の1辺を〈台紙〉の目もりの線に沿って"0"の位置から貼り、1辺の長さを測ってみましょう。その長さはどのような数でしょうか。

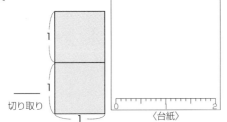

3 2次方程式

長さ18の紙の両端を同じ長さだけ折り曲げ、長方形ABCDの面積を36にします。このとき、左右いくらずつ折り曲げればよいですか。

① 左右 x ずつ折り曲げたとして式をつくってみましょう。
② 実際に折り曲げて、答えを求めてみましょう。

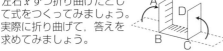

——— 切り取り

4 関数 $y = ax^2$

長方形ABCDと直角二等辺三角形EFGを重ねます。ECが x cmのときの重なった部分の面積を y cm²とします。表を完成し、この関数の特徴について調べてみましょう。

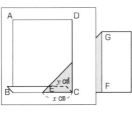

x	0	1	2	3	4	5
y						

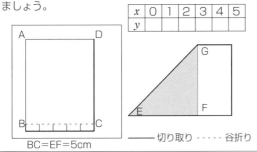

BC=EF=5cm

——— 切り取り ····· 谷折り

5 図形の相似

破線の枠の中に図をかきます。次に、輪ゴムを2つに折り、中央に印をつけます。輪ゴムの左端を点Oで押さえ、右端に筆記用具を入れます。輪ゴムの印がかいた図の線をなぞるように筆記用具を紙上で動かします。

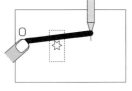

6 円周角と中心角

色のついた四角形を破線で折り、"★"のある頂点を〈台紙〉の切り込みに裏から差し入れます。三角形を動かしてその頂点がどのように移動するのか点をとってみましょう。点はどのように並びますか。また、折り線を広げて、切り込みにまっすぐ差し込んでみましょう。どのようなところに頂点は位置しますか。

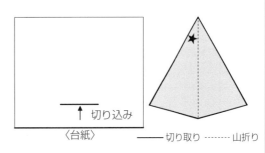

——— 切り取り ······· 山折り

7 三平方の定理

正方形ア、イ、ウの1辺の長さは、それぞれ5、4、3です。ア、ウを"●"を中心に回転させて、2つの"★"の頂点が重なるようにします。3つの正方形に囲まれた三角形について調べてみましょう。

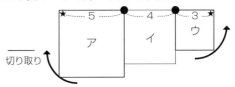

——— 切り取り

8 標本調査

右のますの中に点を100個適当にとり、さいころを2回投げてますを5個選び、その中の点の数の平均値を36倍してみましょう。下の表では、ますをさいころの出た目の（1回目の数，2回目の数）と表します。

	1	2	3	4	5	6
1						
2						
3						
4						
5						
6						

ます	(,)	(,)	(,)	(,)	(,)	合計
点の数						

3年 授業開き

● 育てたい主な資質・能力

【知識及び技能】実験を通して，中学校3年の数学の学習内容を捉えることができる。
【学びに向かう力，人間性等】これからの数学の学習に対しての自信と意欲，期待をもつことができる。

● 授業の流れ

時	学習活動・教師の働きかけ（〇は発問）	生徒の反応・留意点
導入 (5)	〇（〈3年数学メニュー〉を生徒一人ひとりに配付し）中学校3年生の数学の内容が目や手でわかるシートです。方法を読んでそれぞれの内容に取り組んでみましょう。1つの項目の時間を5～10分程度にしてください。〇時〇分に3年生の数学の印象を交流します。 ・1時間の学習活動を把握する。	・前時において数学の学習の仕方を考えたり，授業のルールを確認したりしたことを踏まえる。
展開 (40)	〇8つの内容に取り組んでください。 ・〈3年数学メニュー〉に取り組む。	・それぞれのペースで進めさせる。
終末 (5)	〇3年生の数学の印象を交流しましょう。 ・感じたことや思ったことを自由に発表する。	・数学の学習に対する情意面も発表させる。

● 授業の実際

①導入［1時間の学習活動を把握する］
T （〈3年数学メニュー〉を生徒一人ひとりに配付し）中学校3年生の数学の内容が目や手でわかるシートです。方法を読んでそれぞれの内容に取り組んでみましょう。

②展開［〈3年数学メニュー〉に取り組む］
［1 式の展開と因数分解］についての場面
S 正方形に変形すると思う。絶対そうだ。
S この形はすべて長方形になるので，この形の式も同じ形に変形できる。特別な形だけど。

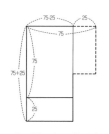

式の展開と因数分解

［２　平方根］についての場面

S　できた。長さは1.4。
T　その長さはどのような数なの？
S　新しくできた正方形の辺の長さ。
T　この正方形の面積はいくら？
S　かけたら２になるということ。1.4，２回かけたら２になる（もう一度辺の長さを測定する）？

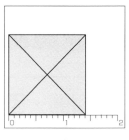
平方根

［３　２次方程式］についての場面

S　（試行錯誤的に学習具を折って，答えを求める）
S　何か解き方あるんだろうな。でも，xと$18-2x$が，６と６や４と10とかになるから，そんな難しくないか。
S　私は３になったけど。　S（方程式を見ながら）本当だ（学習具でも確認する）。

［４　関数$y=ax^2$］についての場面

S　（発言をしないで，対応表を完成させる）特徴？　比例？
S　xの値が２倍，３倍になると，yの値は２倍，３倍にならないから比例でない。

［５　図形の相似］についての場面

S　ゴムだから拡大する絵をかくんだ。
S　けっこう正確にかける。面白い。

［６　円周角と中心角］についての場面

S　これも予想できない。とにかくやってみたい。
S　（操作して）うーん。何だ。題が円だから円かな。

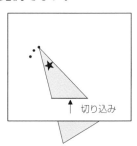
円周角と中心角

［７　三平方の定理］についての場面

S　何が起きるのか予想できない。でも正三角形でも二等辺三角形でもない。あと直角三角形か。（操作して）やっぱり直角三角形。
S　辺の長さを表す数が続いている他の正方形でも，直角三角形になる？

［８　標本調査］についての場面

T　この実験は何のためにすると思う？
S　５つのますの中の点の数の平均値から36ます分を予想する。
S　点があまりばらついていなくても100近くになるのかな？　もう一度やってみてもいいですか？　でも，この方法，楽したいときに使えるね。

③終末［３年生の数学の印象について交流する］

S　数学が目に見えて，面白そうだと思った。数学ができそうな感触がある。数学って便利なものかもしれない。１，２年生と似た勉強をする。三平方の定理が面白そう。（複数人）

速算めがね

展開・因数分解の公式の有用性を実感しよう！

● **どんな学習具？**

「簡単な式の展開や因数分解」で，速算術に式の展開や因数分解を利用することにより，展開や因数分解の有用性を感得する場面で使用します。数の計算を工夫するために，その構造を捉え，数の計算と文字式の変形をつなげるための学習具〈速算めがね〉です。

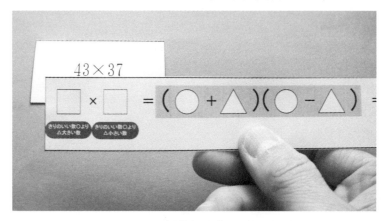

〈速算めがね〉

〈速算めがね〉は，式の展開や因数分解が速算術に応用される代表的な6つのもの（展開の公式4つ，因数分解の公式2つ）を示したものです。計算式がどの〈速算めがね〉に示された構造をしているのか計算式にかざすことにより見つけます。そのパターンを整理し，以後の学習で利用できるようにします。

● **学習具の使い方**

計算式に〈速算めがね〉をかざし，同じ形をしていれば，〈速算めがね〉に沿って計算をします。例えば，"43×37" は "□（きりのいい数○より△大きい数）×□（きりのいい数○より△小さい数）" に該当するので，その〈速算めがね〉をかざし，"$(40+3)(40-3)=40^2-3^2=1591$" と計算します。

【つくり方】（型紙を100%に拡大）〈速算めがね〉と「計算見本カード」をそれぞれ切り取ります。〈速算めがね〉の "□，○，△" はくりぬく必要はありません。

速算めがね

$\square^2 = (\bigcirc + \triangle)^2 = \bigcirc^2 + \bigcirc \times \triangle \times 2 + \triangle^2$

□：きりのいい数○に近い数　　○：きりのいい数

$\square^2 = (\bigcirc - \triangle)^2 = \bigcirc^2 - \bigcirc \times \triangle \times 2 + \triangle^2$

□：きりのいい数○に近い数　　○：きりのいい数

$\square \times \square = (\bigcirc + \triangle)(\bigcirc - \triangle) = \bigcirc^2 - \triangle^2$

きりのいい数○より△大きい数　　きりのいい数○より△小さい数

$(10 \times \bigcirc + \triangle)(10 \times \bigcirc + \square) = 100 \times \bigcirc \times (\bigcirc + 1) + \triangle \times \square$

十の位の数○が同じで、一の位の数△と□の和は10

$\bigcirc \times \square + \triangle \times \square = (\bigcirc + \triangle) \times \square$

○と△はきりがいい数

$\bigcirc^2 - \triangle^2 = (\bigcirc + \triangle)(\bigcirc - \triangle)$

○と△の和はきりがいい数

―――― 切り取り

計算見本カード

101^2	48^2	43×37
63×67	$36 \times 3.14 + 64 \times 3.14$	$38^2 - 32^2$

3年　式の展開と因数分解

● 育てたい主な資質・能力

【知識及び技能】展開の公式や因数分解の公式を利用して，数の計算を工夫して行うことができる。

【思考力，判断力，表現力等】数の計算の構造に，展開の公式や因数分解の公式の構造を見つけることができる。

【学びに向かう力，人間性等】展開の公式や因数分解の公式により，能率よく計算できることを体験して，それぞれの公式の有用性を感得し，数学の学習に生かそうとすることができる。

● 授業の流れ

時	学習活動・教師の働きかけ（○は発問）	生徒の反応・留意点
導入 (5)	○43×37を暗算で計算してください。 ・暗算で計算する。	・〈速算めがね〉と比較する土台とする。
展開 (30)	○43×37を展開の公式を使って計算してください。 ・数の特徴から利用できる展開の公式を見つける。 ○43×37を〈速算めがね〉の1つを通して見て計算してみましょう。 ・計算式と同じ構造の〈速算めがね〉を見つけ，計算式にかざし，それに沿って計算する。 ○他の「計算見本カード」にも同じように〈速算めがね〉を通して計算してみましょう。 ・〈速算めがね〉に示された速算術の残り5つのパターンを体験する。	・〈速算めがね〉を提示しないで考えさせる。 ・式の構造を捉えさせることに重点を置く。
終末 (15)	○速算術の問題をつくってください。 ・〈速算めがね〉に示された速算術の6つのパターンの問題をつくる。 ○他の人と交換してそれぞれ問題に暗算で取り組んでみましょう。 ・速算術の練習をする。	・練習として設定する。 ・〈速算めがね〉を使わないで取り組ませる。 ・他の速算術について紹介する。

● 授業の実際

①導入［計算を工夫することへの土台をつくる］

T　43×37を暗算で計算してください。
S　できたけど2けたでも暗算ってけっこう難しい。
T　「速算術」と呼ばれる素早く計算する技術があります。今日は速算術に関係する学習をします。

②展開［〈速算めがね〉を使用していくつかの速算術を経験する］

T　43×37を展開の公式を使って計算してください。
S　意味がわかりません。
S　(40＋3)(30＋7)を展開するということ？
T　計算しやすくなりますか？
T　43×37を〈速算めがね〉の1つを通して見て計算してみましょう。
S　説明が書いてあるのでわかりました。(40＋3)(40－3)として，$40^2－3^2$で1591ですね。確かに暗算でできそう。
T　他の「計算見本カード」にも同じように〈速算めがね〉を通して計算してみましょう。

```
101² ＝ (100＋1)² ＝100² ＋100×1×2＋1² ＝10201
48² ＝ (50－2)² ＝50² －50×2×2＋2² ＝2304
63×67 ＝ (10×6＋3)(10×6＋7) ＝100×6×(6＋1)＋3×7 ＝4221
36×3.14＋64×3.14 ＝ (36＋64)×3.14 ＝314
38² －32² ＝ (38＋32)(38－32) ＝420
```

③終末［速算術の問題をつくる］

T　速算術の問題をつくってください。
S　□²のパターンで，例えば，きりのいい数を100とすると100にどれだけ近いと速算術の問題になるんだろう？　109より110の方が計算はしやすいし。
S　展開の公式は全部出てくるけど，これ（共通因数をくくり出す）を除くと因数分解の公式は1つだけですよね。他の公式の速算術はないのですか？
T　もし使えるとしたら，どのような数の計算になりますか？
S　9801＋198＋1を100^2としてみたいな。ちょっと気づきませんね。
T　他の人と交換してそれぞれ問題に暗算で取り組んでみましょう。
S　（問題を交換した相手に対して）速い方を勝ちにしよう。正解しないとだめだけど。

> **3年** 平方根

正方形で埋め続けるーと

平方根の近似値を求めよう！

● どんな学習具？

「無理数・有理数」の平方根の近似値を求める場面で使用します。平方根の近似値は，中学校では逐次近似的に電卓を頼りに求めます。「手計算によって求めることができないの？」という生徒の声を聞いた経験はありませんか。その要望に応えるための学習具〈正方形で埋め続けるーと〉です。

〈正方形で埋め続けるーと〉は，平方根の近似値の計算方法のしくみを理解し，平方根の近似値を求めるためのものです。正方形を正方形の集まったL字型で埋めることから近似値を求めます。平方根をある面積の正方形の1辺の長さを求めることから導入する構成に沿っています。

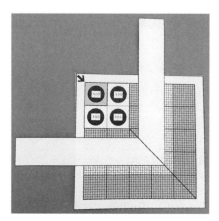

〈正方形で埋め続けるーと〉

● 学習具の使い方

$\sqrt{25}$の値を求めることを示します。面積25の正方形を1，3，5，…と面積が奇数の「L字型ピース」でつくります。面積25の正方形は，面積が1，3，5，7，9の5個のピースで敷き詰められ，その個数は面積25の正方形の1辺の長さを表すので，$\sqrt{25}=5$ということになります。

次に$\sqrt{576}$について示します。面積576の正方形を正方形（1辺が10，面積が100）でつくります。「台紙」の左上から，面積が100，300の「L字型ピース」で埋めます。残りの面積は176なので，面積500のピースは使用し

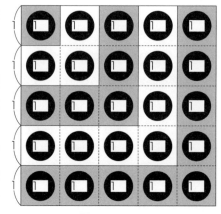

$\sqrt{25}$の値の求め方

ません。すなわち，2個のピースで済みます。これは，平方根の値の十の位が2ということを表します。

次に１辺が１，面積が１の正方形で埋めていきますが，とても小さなピースになるので，「Ｌ字型スライド板」を右下にスライドすることにします。図に示すように，面積が41，43，45，…と41から始まる奇数の数の正方形で構成されるＬ字型で埋めていき，47，すなわち４個のＬ字型で176が敷き詰められ，平方根の値の一の位が４になり，$\sqrt{576}=24$ ということになります。

【つくり方】（型紙を200％に拡大）「Ｌ字型ピース」「Ｌ字型スライド板」「台紙」をそれぞれ切り取ります。「Ｌ字型ピース」の中央の円には正方形の面積を記入します。

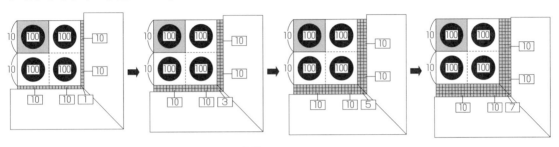

√576の値の求め方

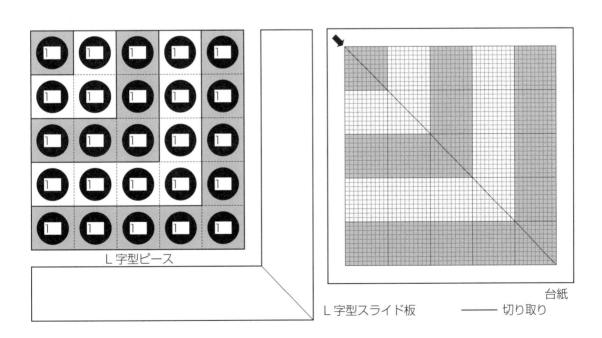

Ｌ字型ピース　　　Ｌ字型スライド板　　台紙　　――― 切り取り

3年　平方根

● 育てたい主な資質・能力

【知識及び技能】平方根の値を計算により求める方法を理解し，その方法で計算することができる。

【思考力，判断力，表現力等】平方根の値の計算による求め方を学習具の操作を通して考察し表現することができる。

● 授業の流れ

時	学習活動・教師の働きかけ（○は発問）	生徒の反応・留意点
導入 (15)	○$\sqrt{25}$，$\sqrt{576}$の値を学習具を使って求めてみましょう。 ・$\sqrt{25}$，$\sqrt{576}$について，「学習具の使い方」で示した学習具の操作を通して，平方根の値の求め方を理解する。 ○学習具の操作を式で表現してください。 ・$\sqrt{25}$，$\sqrt{576}$の求め方を式で表現する。	・平方根を求めることは，ある面積の正方形の1辺の長さを求めることであることを確認する。 ・加法から減法へと視点を変えさせる。
展開 (20)	○平方根の値を求める計算方法をつくりましょう。 ・$\sqrt{25}$，$\sqrt{576}$での学習具の操作を，平方根の値の計算方法に置き換えてまとめる。 ○他の人と交流し，自分の考えを伝えましょう。 ・理由を示すために学習具を使用し，他の人に自分の考えを伝える。	・学習具の操作が課題を解決する方法であることを感得させる。 ・2けた数の場合と3けたの数の場合を統合させる。
終末 (15)	○平方数を設定して，考えた平方根の値を求める計算方法により，その平方根を求めましょう。 ・平方数を設定して計算し，考えた平方根の値を求める計算方法が正しいことを確認する。 ○$\sqrt{2}$の値を求めてみましょう。 ・$\sqrt{2}$の近似値を求め，事前に学習した$\sqrt{2}$の値と比較する。	・練習として取り扱う。 ・用語「平方数」について説明する。 ・発展として取り扱う。学習具を積極的に使用させる。 ・事後の学習「近似値」につなげる。

● 授業の実際

①導入［平方根の値を求める方法のしくみについて理解する］

T　学習具の操作を式で表現してください。

S　1＋3＋5＋7＋9＝25

T　この式を変形すると，25－1－3－5－7－9＝0となります。この奇数をひいていく場合，実際にはどのように計算していきますか？

S　残りを確認していき，25－1＝24，24－3＝21，21－5＝16，16－7＝9，9－9＝0という感じ。

T　$\sqrt{25}$の値はどこに表されていますか？

S　何回ひくかです。（学習具を指して）ピースの数が正方形の1辺の長さを表すからです。

T　次に$\sqrt{576}$を求めてみましょう。

S　576－1＝575，575－3＝572とやっていくと24回で0になるから24になります。大変。

T　そこで，まず面積が100の正方形で埋めていきます。操作してみてください。

S　（面積が100，300の「L字型ピース」を合わせて）500は置けない。20いくらかということになる。

T　一の位を求めるにはどうしますか？

S　面積が10や1の正方形で埋めていくと思う。1辺が$\sqrt{10}$の正方形でぴったり埋められるだろうか（もう一度学習具を観察する）？

②展開［平方根の値の計算方法をつくる］

T　平方根の値を求める計算方法をつくりましょう。

S　2けたの数の場合は，1から奇数をひいていってその回数になる。3けたの数の場合は，100，300と百の位が奇数の数をひいていって，十の位を決めて，残りを…。

T　一の位はどのように計算すればわかるか考えてみてください。

　多くの生徒は，学習具を使い，他の数の平方根の値を求めて調べる。

S　十の位を決めるときに最後にひいた数の百の位の数に1をたした数を十の位とし，1を一の位とする奇数からひいていく。

③終末［練習，発展問題に取り組む］

T　$\sqrt{2}$の値を求めてみましょう。

S　2－1＝1で一の位が1。（学習具の操作を通して）1－0.21＝0.79，0.79－0.23＝0.56，0.56－0.25＝0.31，0.31－0.27＝0.04なので，小数第1位は4です。小数の計算はけたを間違えそうでしづらいですね。

T　正方形の個数に注目すると，100－21＝79，79－23＝56，56－25＝31，31－27＝4と計算しても結果は等しいです。

3年 2次方程式

動点イメージ

動点問題をつくろう！

● どんな学習具？

「2次方程式を具体的な場面で活用すること」の動点問題で，2次方程式を活用して問題を解決する場面で使用します。動点の移動距離とつくられる三角形の面積の関係を体感し，解決の見通しをもつための学習具〈動点イメージ〉です。

〈動点イメージ〉は，正方形の辺上を移動する点の移動距離とその点と正方形の頂点を結ぶ線分でつくられる三角形の面積の関係を連続的視覚的に捉えるものです。三角形はゴムでつくられ，その張り具合から面積の変化を体感できます。

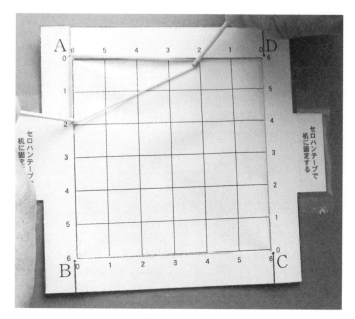

〈動点イメージ〉

● 学習具の使い方

「授業の流れ・展開」の段階における問題の場合を例に説明します。「部品A」の長方形の頂点Aの切り込みに輪ゴムをかけます（1つの頂点にかける場合は輪ゴムに結び目をつくります）。つまようじ2本に輪ゴムをかけ（柄を下にして），点P，Qとして正方形の辺に沿ってつまようじを移動します。「部品B」の方眼での1目もりを1cmとして△APQの面積を捉えます。

【つくり方】（型紙を122％に拡大）「部品B」の上に「部品A」を貼りつけ，正方形の頂点に切り込みを入れます。学習具をセロハンテープで机に固定します。「部品A」の切り込みに輪ゴムを通します。さらに輪ゴムにつまようじを通します。

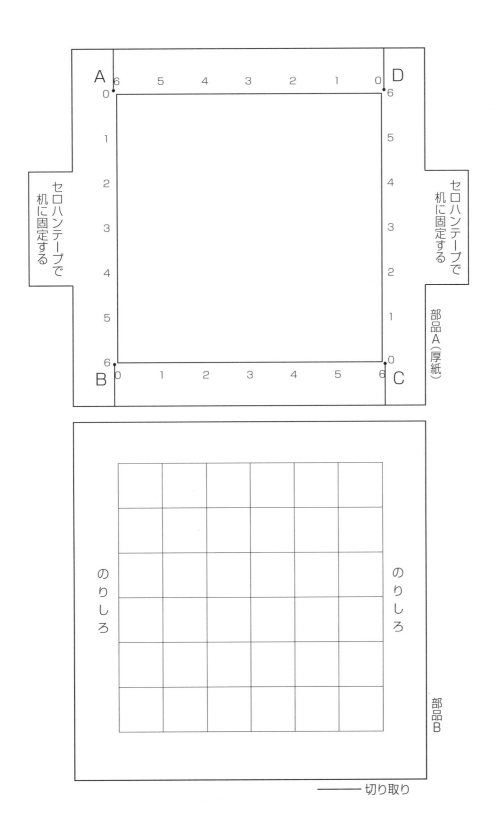

● **育てたい主な資質・能力**

【思考力，判断力，表現力等】動点問題の条件変化に伴い，2次方程式を活用して問題を解決することができる。

【学びに向かう力，人間性等】動点問題の解決過程を振り返り，得られた結果を意味づけたり，求められた解が問題の答えに適しているか，解の吟味をしようとしたりすることができる。

● **授業の流れ**

時	学習活動・教師の働きかけ（〇は発問）	生徒の反応・留意点
導入 (15)	〇次の問題を学習具で表してから，解きましょう。 　1辺が6cmの正方形 ABCD で，点PはAを出発して，AB 上をAからBまで動きます。点PがAから何cm動いたとき，△APD の面積が3cm²になりますか。 ・1次方程式を使って解く。	・1次方程式と対比しながら進める。
展開 (25)	〇次の問題を学習具で表してから，解きましょう。 　1辺が6cmの正方形 ABCD で，点PはAを出発して，AB 上をAからBまで動きます。また，点Qは，点PがAを出発するのと同時にDを出発し，Pと同じ速さで DA 上をAまで動きます。点PがAから何cm動いたとき，△APQ の面積が3cm²になりますか。 ・「導入」の段階における問題との違いを捉え，2次方程式を使って解く。 〇△APQ の面積が3cm²になるときを学習具で表しましょう。 ・2次方程式の解が問題の答えに適しているかを学習具で確認する。	・条件の変更が式の構造の変化をつくることを捉えさせる。 ・学習具の操作により，答えが2つあることを捉えさせる。 ・平方根を含む解でも問題の答えになることを確認させる。
終末 (10)	〇この学習具を使って，2次方程式がつくられる問題をつくりましょう。 ・定点や動点の位置，動点の出発点や速さを変えて問題をつくる。	・学習具による練習として設定する。 ・他の人と出題者，回答者として交流する。

● 授業の実際

①導入［1次方程式で動点問題を解く］

T 次の問題を学習具で表してから，解きましょう。

> 1辺が6cmの正方形ABCDで，点PはAを出発して，AB上をAからBまで動きます。点PがAから何cm動いたとき，△APDの面積が3cm²になりますか。

S AとDに輪ゴムをかけてPをつまようじにして，つまようじをAからBに動かすのがこの問題です。
AP = x cm のとき，$\frac{1}{2}x \times 6 = 3$　$x = 1$　　　答　1cm

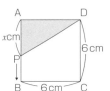

T 答えは1つだけですね？
S 点PがDまで動けば，もう1つあります。1次関数の問題で台形のグラフになるので。

②展開［2次方程式で動点問題を解く，解の吟味をする］

T 次の問題を学習具で表してから，解きましょう。

> 1辺が6cmの正方形ABCDで，点PはAを出発して，AB上をAからBまで動きます。また，点Qは，点PがAを出発するのと同時にDを出発し，Pと同じ速さでDA上をAまで動きます。点PがAから何cm動いたとき，△APQの面積が3cm²になりますか。

S 三角形の底辺も変化するので簡単じゃないけれど，面積は増えてから減っていくことがわかります。面積が4cm²になるときがあるから3cm²になるときがある。（学習具で示して）この辺り。ここも。答えが2つ？

T もう一度点PとQを動かしてみてごらん。ゴムの弾力から三角形の面積の増減がわかりますよ。
AP = x cm のとき，AQ = $(6-x)$ cm　$\frac{1}{2}x(6-x) = 3$
$x = 3 \pm \sqrt{3}$　　　　　　　答 $(3+\sqrt{3})$ cm, $(3-\sqrt{3})$ cm

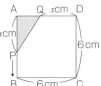

T △APQの面積が3cm²になるときを学習具で表しましょう。
S （学習具を操作して）こことここです。ルートがあっても実際にあるということです。

③終末［動点問題をつくる］

T この学習具を使って，2次方程式がつくられる問題をつくりましょう。

　AとCに輪ゴムをかけて，Aを出発してAB上をAからBまで動く点Pと，Cを出発してCB上をCからBまで動く点Qをつまようじにした台形APQCの面積の問題など。

3年　2次方程式

グラフの交点

関数と方程式のネットワークをつくろう！

3年 関数 $y = ax^2$

● どんな学習具？

「関数 $y = ax^2$ のグラフ」で，既習事項の「2元1次方程式と関数」から発展させ，いろいろな方程式をグラフを利用して解くことによって，数学の内容のネットワークそのものや数学の広がりを生むその有効性を捉える場面で使用します。新たな内容を学習する際に，内容や領域の枠の壁が固く，数学の引き出しを開けられず，そのつながりの力を活用しないことに対する学習具〈グラフの交点〉です。

〈グラフの交点〉は，グラフの回転移動や紙を折ることから，問題に対応してリユース（繰り返し使う）できます。

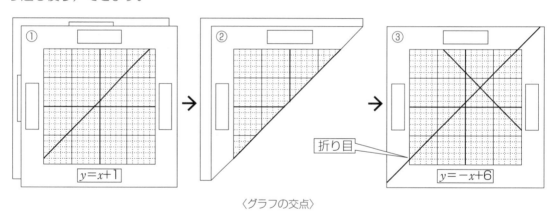

〈グラフの交点〉

● 学習具の使い方

具体的な関数により，〈グラフの交点〉の使い方を示します。

① $y = -x + 6$ のグラフがかいてある座標平面の上に $y = x + 1$ の座標平面をぴったり重ねます。

② 重ねたまま $y = x + 1$ のグラフを折り目にして折ります。

③ 下の座標平面を抜き取り広げて，かかれてある直線と折り目の直線の交点の座標を読みます。

【つくり方】（型紙を141%に拡大）〈グラフの交点〉を切り取り，座標平面の空欄にはその向きから見たグラフの式を記入します。

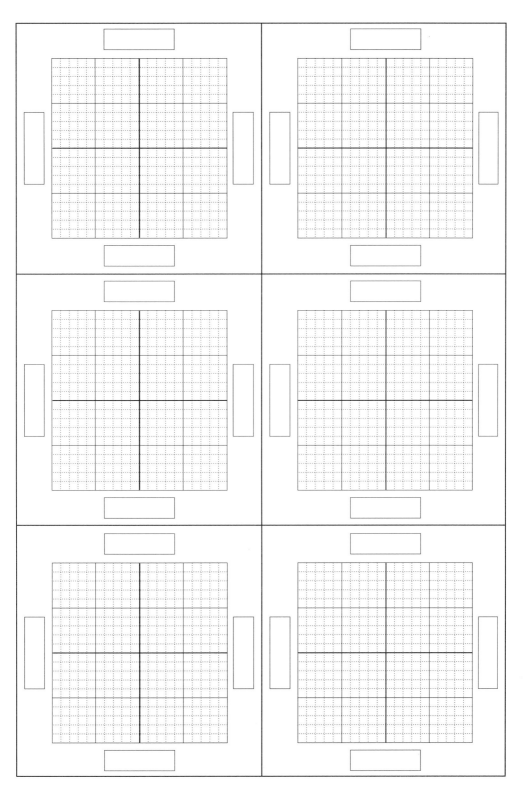

● 育てたい主な資質・能力

【学びに向かう力，人間性等】方程式とグラフの関係から数学のネットワークを知り，それが課題解決の有効な手段であることを感じ，学習に生かそうとすることができる。

● 授業の流れ

時	学習活動・教師の働きかけ（○は発問）	生徒の反応・留意点
導入 (10)	○$y=-x+6$，$y=x+1$のグラフをそれぞれ異なる座標平面にかきましょう。この2つのグラフの交点の表す意味は何ですか？〈学習具使用〉 ・以下，方程式をつくって解き，グラフで求めたものと比較する。	・グラフの交点と連立方程式の解の関係を喚起する。
展開 (35)	○1次方程式$-x-1=x-6$をグラフを使って解きましょう。〈学習具使用〉 ○2元1次方程式$2x+3y=18$をグラフを使って解きましょう。 ・2元1次方程式は連立方程式にすることができないので，グラフでの交点は存在せず，解は1つに決まらないことを捉える。 ○2次方程式$x^2-x-6=0$をグラフを使って解きましょう。〈学習具使用〉 ・$y=x^2$と$y=x+6$の交点のx座標と捉える。 ○放物線のグラフを使わないで解く方法を見つけましょう。〈学習具使用〉 ・$y=x-1$と$y=\dfrac{6}{x}$の交点のx座標と捉える。	・連立方程式の代入法（等置法）の結果の式であることを意識させる。 ・$y=2x+3y$と$y=18$の連立方程式はつくれないのかを考察する。 ・$y=x^2-x-6$のグラフは既習事項ではないので，$y=x^2-x-6$とx軸（$y=0$）の交点のx座標は求められない。 ・$x\neq0$が前提になることにふれる。
終末 (5)	○次の方程式をグラフを使って解きましょう。 $2x^2+x-1=0$，$x^2-2x+1=0$ 〈学習具使用〉 ○放物線と双曲線の交点はどのような方程式の解を表しているでしょうか？	・学習具による練習として設定する。 ・3次方程式の存在を意識させる。

● 授業の実際（展開［方程式をグラフを使って解く］）

T　1次方程式 $-x-1=x-6$ をグラフを使って解きましょう。学習具を使います。
S　だから，x とか y とか書いていないんだ。
S　方程式をグラフで解くことに意味があるのかな（右：上の式）？
T　2年で連立方程式をグラフで解く学習をしたときもそう感じたのではない？　でも，ダイヤグラムみたいにグラフが便利な道具になるものもあったね。後でみんなに解いてもらおうと思っています。
T　2元1次方程式 $2x+3y=18$ をグラフを使って解きましょう。
S　$y=2x+3y$ と $y=18$ の連立方程式をつくったんだけど，何か変なんだよね。$x=-18$ になるんだけど，2元1次方程式は解が1つに決まらなかったはずだよね（右：下の式）。
S　$y=18$（右辺）と y の値を限定するのがおかしいのではないかな？
S　でも，1次方程式の $2x+1=0$ を連立方程式にするときは，$y=0$（右辺）とおくよね。
S　左辺の $2x+3y$ を y とおいたらだめなのかな？
S　y が含まれている式を y で置き換えるところに問題がありそうだ。
S　$2x+1=0$ だって，$x=2x+1$，$x=0$ とすると，$x=-1$，$x=0$ と矛盾が生じる。
T　2次方程式 $x^2-x-6=0$ をグラフを使って解きましょう。
S　$y=x^2-x-6$ と $y=0$ の連立方程式だけど…，$y=x^2-x-6$ は点をとるとかけるけど，それでいいのかな？
T　このグラフは高校で学習します。でも，点をとってかいてごらん。今まで学習したグラフを使って解けないかも考えてみよう（右：上の図）。
T　放物線のグラフを使わないで解く方法を見つけましょう。
S　放物線を使わないということは，x^2 があったらだめだということだから…。
S　x でわったら，$x-1-\dfrac{6}{x}=0$ で，$\dfrac{6}{x}$ の部分は反比例だから，$y=x-1$ と $y=\dfrac{6}{x}$ か（右：下の図）。
S　（首をかしげながら）でも文字で勝手にわったらだめだと先生いっていたよね。
　x に0を代入して式が成り立たないことを確認して進める。

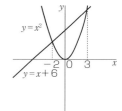

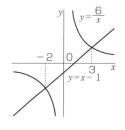

3年　図形の相似

相似顕微鏡

相似のイメージを豊かにしよう！

● どんな学習具？

「相似の意味」で，図形の相似の意味を捉える場面で使用します。相似は，拡大，または縮小して重ね合わせることができるというものです。そのイメージを鮮明にするための学習具〈相似顕微鏡〉です。

〈相似顕微鏡〉は，図形を拡大するしくみを理解でき，そのしくみを利用して図形を拡大することができるものです。相似の位置にある2つの図形は相似であること，相似な図形は相似の位置に置くことができることが根底にあります。

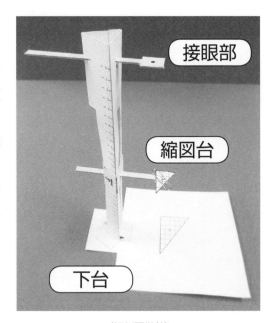

〈相似顕微鏡〉

● 学習具の使い方

「方眼紙」で図形を拡大します（もとの図形を縮小した図形を縮図，拡大した図形を拡大図とします）。「縮図台」に縮図をクリップで固定します。「下台」に拡大図を置き，「接眼部」をのぞきながら，縮図と拡大図がぴったり重なるように「縮図台」を移動し，その位置の目もりを読みます。

また，上の実験から得られた拡大するしくみを利用し，倍率を設定して図形を拡大します。図を切り取り「縮図台」に載せ，「下台」に載せた「方眼紙」の上に，「接眼部」をのぞきながらなぞりかきます。「方眼紙」により，相似比を確認することができます。

【つくり方】（型紙を141%に拡大）「鏡筒」を組み立て，「縮図台ささえ」をそれに取りつけます。「鏡筒」を「下台」に接着します。その際，"↓"が重なるようにします。「接眼部」を「鏡筒」の"★"に，「縮図台」を「縮図台ささえ」の"☆"にそれぞれ通します。クリップを3個用意します。

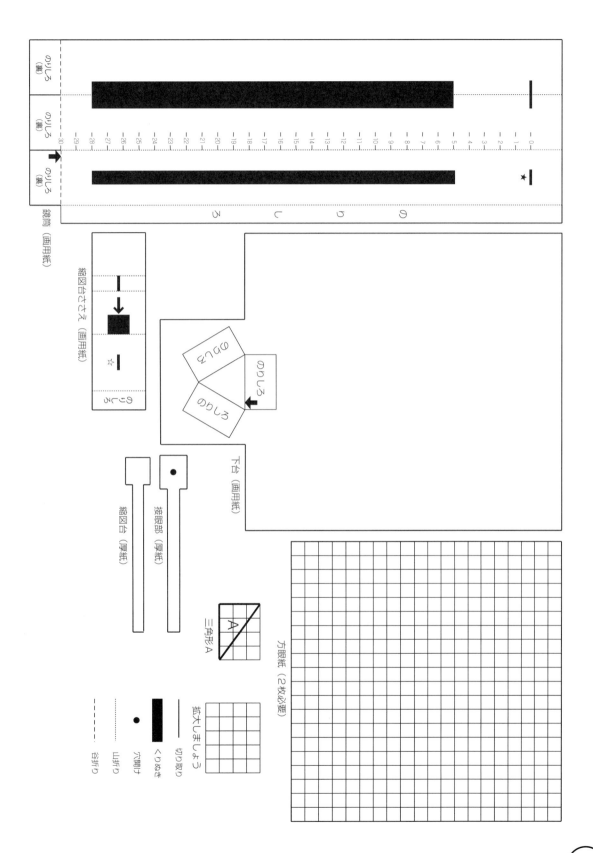

● 育てたい主な資質・能力

【知識及び技能】「相似の位置における相似の中心から対応する点までの距離の比が，対応する辺の比に等しい」ことを理解することができる。

【学びに向かう力，人間性等】上の性質を利用して図形を拡大させることにより，その有用性について感得することができる。

● 授業の流れ

時	学習活動・教師の働きかけ（○は発問）	生徒の反応・留意点
導入 (10)	○この学習具はどのようなことをするものですか？ ・図形の拡大に関係する道具であることを捉える。	・事前に学習具を組み立てることで捉えたそのしくみから，使い方を予想させる。
展開 (30)	○「縮図台」に「三角形A」をクリップで固定し，「下台」に「三角形B」を載せ，「接眼部」をのぞきながら，「三角形A」と「三角形B」がぴったり重なるように「縮図台」を移動し，その位置の目もりを読んでください。 ○「下台」に「三角形C」を載せ，同じように実験した場合の結果を予想してください。その後，実験してみましょう。 ・「縮図台」「下台」に次のそれぞれの三角形を載せる場合の「縮図台」の目もりを計算で求めてから，実際に確かめてみる活動を行う。 ①「縮図台」三角形A，「下台」三角形D ②「縮図台」三角形B，「下台」三角形C ③「縮図台」三角形D，「下台」三角形B	・「三角形A」を2倍，3倍，1.5倍に拡大した三角形を「方眼紙」にかき，それぞれ「三角形B，C，D」とする。 ・図形の相似を，拡大，または縮小して重ね合わせることができるというイメージをもたせる。 ・練習として行わせる。
終末 (10)	○「拡大しましょう」に図形をかき，それを2.5倍に拡大した図形を〈相似顕微鏡〉を利用してかきましょう。 ・図を拡大する。	・「方眼紙」を「下台」にクリップで留め，結果を方眼で確かめさせる。 ・数学の有用性を感得させる。

● 授業の実際

①導入［学習具のしくみと使い方について理解する］
T　この学習具はどのようなことをするものですか？
S　穴からのぞき，何目もりかを調べる。下の部品（「縮図台ささえ」）を動かしながら。
S　上の穴からのぞいて下のクリップのついてあるもの（「縮図台」）を上にあげてどの目もりにきたら下のますにはまるか，面積とその距離を調べる。そして，そのクリップがついているものの拡大バージョンを探す。

②展開［拡大のしくみを捉える］
T　「縮図台」に「三角形Ａ」をクリップで固定し，「下台」に「三角形Ｂ」を載せ，「接眼部」をのぞきながら，「三角形Ａ」と「三角形Ｂ」がぴったり重なるように「縮図台」を移動し，その位置の目もりを読んでください。
S　15。
T　「下台」に「三角形Ｃ」を載せ，同じように実験した場合の結果を予想してください。その後，実験してみましょう。
S　「三角形ＡとＢ」のときは「三角形Ａ」がちょうど中間（目もり15）にきていて，「三角形ＡとＣ」のときは3等分の上の位置にくるから10の目もりのところになる。
T　「下台」に「三角形Ｄ」を載せた場合はどうなりますか？「縮図台」の位置の目もりを予想してから実験してみましょう。
S　目もりが20のところだと思う。下に置く三角形の倍率分だけ上から下までを分けて，その1番上のところになるから，30を1.5でわって20。
S　ここ（「接眼部」）からここ（「縮図台」）までの距離と，ここ（「接眼部」）からここ（「下台」）までの比が三角形の倍率の比と一致する。
T　「三角形ＡとＤ」のときの倍率の比はいくらですか？
S　1：1.5だから2：3。

③終末［拡大のしくみから図形を拡大する］
T　「拡大しましょう」に図形をかき，それを2.5倍に拡大した図形を〈相似顕微鏡〉を利用してかきましょう。
S　どんなものでも拡大できますね。面白い。2目もりの部分が5目もりになっているので，2.5倍。
S　コピーで拡大するのもこの原理でしょうね。いろんなところで使われていそうですね。
S　「縮図台」に載せるものが透明なものにかけたら，図の中のものも拡大できますね。その方が面白いと思う。

> 3年　円周角と中心角

くるくる四角形

円に内接する四角形の性質を見つけよう！

● **どんな学習具？**

発展的な学習「円に内接する四角形」で，円に内接する四角形の性質を見つける場面で使用します。四角形の4つの内角がすべて円周角になることから，円周角と中心角の発展的な学習としてすべての教科書で取り上げられています。四角形の4つの頂点が1つの円周上にある場合と，1頂点がそこからずれる場合による違いを視覚的に捉え，性質について考えようとする意欲を醸成するための学習具〈くるくる四角形〉です。

〈くるくる四角形〉は，四角形の頂点がかかれた盤を回転させることにより，円が1つ現れる場合は4つの頂点が1つの円周上にあり，同心円が現れる場合は1つの円周上にないことを示すもので，3頂点を通る円周上にもう1頂点を位置づけ，そのときの四角形の性質を見つけます。

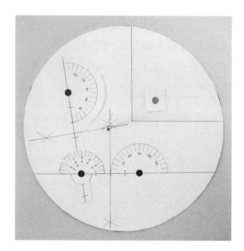

〈くるくる四角形〉

● **学習具の使い方**

「四角形回転盤」上に「第3の点」を貼り，その3点を通る円の中心を作図によって求め，そこにつまようじを刺します。「第4の点」の裏にセロハンテープを丸めてつけ，「四角形回転盤」の破線内に貼ります。つまようじを持ち，「四角形回転盤」を手で直接回転させます。同心円が現れた場合は，円が1つ現れるように「第4の点」を貼り直します。そこで定規を当て角の大きさを測定します。

【つくり方】（型紙を115％に拡大）「四角形回転盤」の破線内にセロハンテープをすき間なく貼ります。「四角形回転盤」の切り込みに「第3の点」を通し貼りつけます。「四角形回転盤」上の3点を通る円の中心を作図によって求め，そこにつまようじを刺します。「第4の点」の円を桃色に塗り，裏にセロハンテープを丸めてつけ，「四角形回転盤」の破線内に位置づけます。

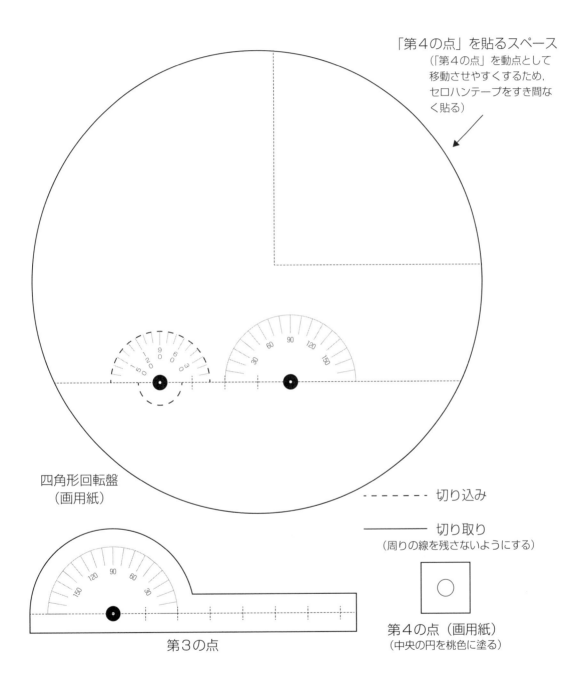

● 育てたい主な資質・能力

【思考力，判断力，表現力等】円に内接する四角形の対角の和は180°であることを見つけだすことができる。

● 授業の流れ

時	学習活動・教師の働きかけ（○は発問）	生徒の反応・留意点
導入 (15)	○3点を通る円の中心を作図によって求め，そこにつまようじを刺して「四角形回転盤」を回転させ，それを観察してみましょう。 ・3点を通る円の中心を求め，学習具を操作し，そのしくみを理解する。	・第1学年の作図の問題を喚起する。
展開 (25)	○「第4の点」を「四角形回転盤」に貼り回転させ，観察してみましょう。 ・学習具を操作し，4点が1つの円周上にある場合の性質を見つける。	・条件の変更に伴う現象の変化を確認でき，学習の課題へのつながりをつくる。 ・用語「円に内接する」について説明する。
終末 (10)	○円に内接する四角形は，対角の和が180°であることを証明しましょう。 ・証明に取り組む。	・証明する必要性を生徒から出させる。

● 授業の実際

①導入［学習具を把握する］

T 「第3の点」を「四角形回転盤」に貼り，3点を通る円の中心を作図によって求め，そこにつまようじを刺して「四角形回転盤」を回転させ，それを観察してみましょう。どのような現象が現れると思いますか？
S 円が現れると思います。
T では，実験してみてください。
S （つまようじを刺す位置が）違うところだと，円が出ないのですか？
S 私は（円が）2つ現れています。作図，間違ったのですか？
S 円が3つ出た人いる？（円が）1つになるのはここだけですよね。

②展開［円に内接する四角形の性質を見つける］

T 「第4の点」を「四角形回転盤」に貼り回転させ，観察してみましょう。

S 黒とピンクの円が現れました。円を1つにするのですよね。

T すでに円が1つになっている人はいませんか？

S はい。ピンクと黒の円が重なりました。

T みんなも円が1つになるように，「第4の点」を貼り直してみましょう。1つになるのは，4点がどのような位置にある場合ですか？

S 同じ円周上にある場合です。

T （右の図の）四角形ABCDにおいて，DをE，Fの位置に移したときにできる四角形は，それぞれもとの四角形に比べてどこが変わらないでしょう？

S ABCEは，∠BとABとBC。

S ABCFは∠Bと∠F（∠Dに対して）とABとBC。

T 1つの円になった場合の性質を考えてみましょう。

S1 角度が関係していると思って測ってみると，∠Aと∠Cをたすと180°になります。（「第4の点」が円周上の）他の位置の場合もそうなったので間違いないです。さっきの質問の四角形ABCFでは，∠Bと∠Fの角度をたした大きさも変わらないです。

S S1さんと∠Bの大きさが違っても円は1つなので，測ってみると∠Aと∠Cの和が180°になりました。もちろん四角形の内角の和は360°なので，∠Bと∠Dの和も180°。

T （用語を説明した後で）円に内接する四角形の性質として，「対角の和が180°である」ということですね。

S （隣の生徒に）ここ（∠Cの外角）とここ（∠A）の角度等しいよ。

③終末［円に内接する四角形の性質を証明する］

T 円に内接する四角形は，対角の和が180°であることを証明しましょう。

S 円に内接する四角形は，対角の和が180°らしいということですね。証明をしなくてはいけないということですね。

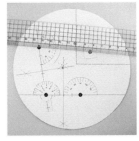
四角形の内角の大きさを測る

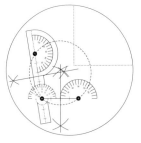
3点を通る円の中心を求める

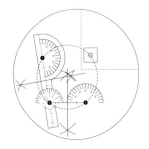
4点を1つの円周上に位置づける

3年 三平方の定理

どのくらいまで見えるかな

三平方の定理の有用性を感じよう！

● どんな学習具？

「三平方の定理の活用」で，三平方の定理を利用して眺望距離を求めるという実世界の問題を解決することにより，数学の有用性を感得する場面で使用します。山の頂上や上空から見える地球上の範囲について，三平方の定理により求めた値を確かめるための学習具〈どのくらいまで見えるかな〉です。

〈どのくらいまで見えるかな〉は，地球の半径を基準にした高さからの地平線の地点を読み取り，眺める地点から地平線までの距離を測定するものです。地球を球とみなしたり，視野に障害物がないなど，具体的な場面を理想化，単純化し，数学を活用することを体験できます。

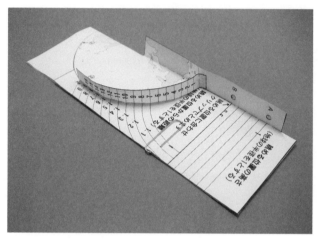

〈どのくらいまで見えるかな〉

● 学習具の使い方

地球の半径とその半分の高さに相当する地点Ａ，Ｂの穴から見える地平線の地点を「地平線」の目もりで読み取ります（読み取りづらい場合は，「地平線」の上で鉛筆の芯を動かし，芯が見えなくなったところに印をつけて読み取る）。「距離測定器」の"↑"を眺める位置に合わせてクリップで留めます。それにより，読み取った「地平線」の目もりまでの距離を読み取ります。「距離測定器」の目もりの数も地球の半径を１としたものです。
【つくり方】（型紙を122％に拡大）「地球」の切り込みに「地平線」を取りつけます。

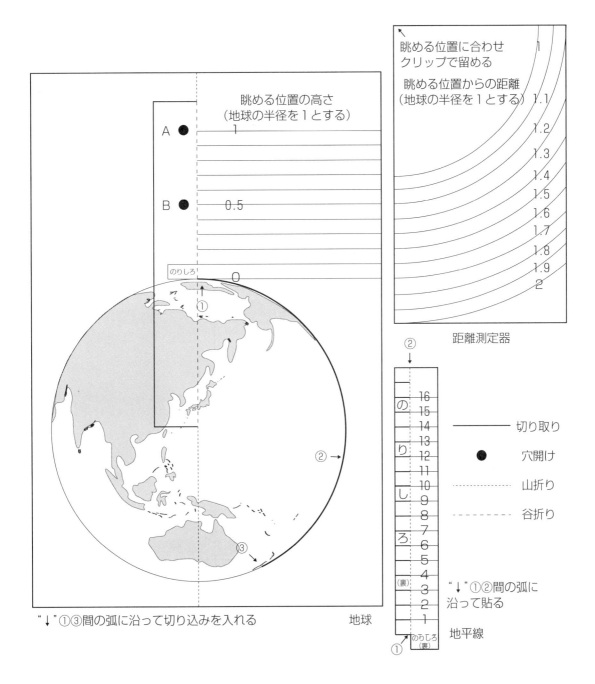

3年　三平方の定理

● 育てたい主な資質・能力

【思考力，判断力，表現力等】三平方の定理を利用して，実世界の問題を解決する（眺望距離を求める）ことにより，数学の有用性を感得することができる。

● 授業の流れ

時	学習活動・教師の働きかけ（○は発問）	生徒の反応・留意点
導入 (5)	○富士山の頂上から見渡すことができる県はいくつあるでしょうか？　ただし，他の山で視野が妨げられないものとします。	・日本地図を配付する。
展開 (35)	○学習具で，次の高さの上空から地球を眺めたら地球上のどの地点まで見渡すことができるでしょうか？　計算により求めましょう（地球の半径を1とする）。 　①地球の半径を高さとする上空（点A）から 　②地球の半径の半分を高さとする上空（点B）から ・三平方の定理を利用する。 　① $x^2+1^2=2^2$　　$x=\sqrt{3}$ (1.7) 　② $x^2+1^2=1.5^2$　　$x=\sqrt{1.25}$ (1.1) 「距離測定器」を当てて，「地平線」の目もり 　①10.5（眺望距離1.7），②8.4（1.1）を求める。 ○実際に学習具で眺めてみましょう。 ・計算結果を確認する。 ○問題に取り組みましょう。どんなデータが必要？ ・データを得，三平方の定理を利用して計算する。 　$x^2+6370^2=(6370+4)^2$　　$x=226$（km）　19都県	・これまで学習した三平方の定理や円の接線の性質が，実世界の問題の解決に働くことを感得させる。 ・かいた図と学習具の操作により問題のイメージを形成させる。 ・地球の半径6370km，富士山の高さ3776m（4km）を提示する。 ・地図に富士山を中心とする円などを記入させる。
終末 (10)	○学習具で，地球の半径と等しい距離の地点を見るための位置に穴を開けましょう。　0.4 ・計算し，その結果を学習具で確認する。 ○富士山の上空で北海道を見るためには，地上何kmの高さから眺めなくてはいけないでしょうか？ 　$(6370+x)^2=680^2+6370^2$　　$x=36$（km） 　（680kmは富士山から北海道までの距離）	・学習具による練習として設定する。 ・問題に即したものを提示する。

● 授業の実際

①導入［具体的な場面での問題を把握する］

T 富士山の頂上から見渡すことができる県はいくつあるでしょうか？ ただし，他の山で視野が妨げられないものとします。

S 山梨県，静岡県は富士山のある県なのでまず2つ。東京から富士山を映すテレビを見たことから，逆に富士山から東京は見ることができるので，東京も。富士山から東京までの距離までは見えるということなので，…。半径を求めることですよね。

②展開［三平方の定理を利用した結果を学習具で確かめる］

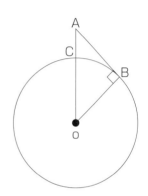

T 学習具で，2つの高さの上空から地球を眺めたら地球上のどの地点まで見渡すことができるでしょうか？ 計算により求めましょう。図をかいて考えます。

S （右の図で）BCの長さを求めるには∠BOCの大きさがわかればいいので，①の場合は60°（30°，60°の直角三角形から），ですからおうぎ形の公式から$\frac{\pi}{3}$，1.05なので，「地平線」の目もりで10.5です（「地球」と「地平線」の目もりの比から）。②の場合は角度はわかりますか？

T 「距離測定器」を利用してみてください。

T 求めた人は，実際に学習具で眺めてみましょう。

S 本当だ，計算した通りだ。

T 問題に取り組みましょう。どんなデータが必要？

S 地球の半径と富士山の高さですが，どちらもわかっています。

　眺望距離226kmを答えとしている生徒が多い。

T 問題を読み直してみましょう。

S BCの距離を求める必要がないですか？

S 富士山を中心に226kmの円をかいたけれど，これはABのこと…。コンパスの針を富士山の高さ分，少し地図から離して円をかく必要がある。

T 1億分の1の縮尺で地球と富士山をかいてみてください。

③終末［練習をする］

T 学習具で，地球の半径と等しい距離の地点を見るための位置に穴を開けましょう。

　指示がなくてものぞいて計算結果を確認する。

3年 標本調査

鳥は何羽

標本調査を体験しよう！

● どんな学習具？

「標本調査の必要性と意味」「標本を取り出し整理すること」で，標本調査を行い，標本調査の有効性を捉える場面で使用します。机上でできる簡単な標本調査を体験して，標本調査，そして，数学が便利な道具であることを感得するための学習具〈鳥は何羽〉です。

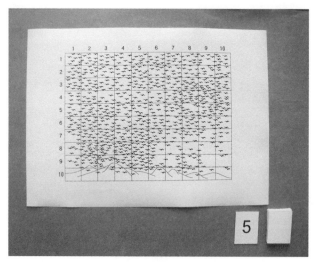

〈鳥は何羽〉

〈鳥は何羽〉は，多くの鳥が描かれているもので，母集団の傾向としてのその総数を標本調査の方法により求めるものです。標本として，母集団の一部分を抽出するために「抽出カード」を使用します。標本調査のイメージをつくり，標本調査，さらに数学の必要性を捉えます。

● 学習具の使い方

〈鳥は何羽〉を横，縦にそれぞれ10等分して，横縦それぞれに番号をつけ，裏返しにして混ぜた「抽出カード」を2度引き，カードに書かれている数をますにつけた数に対応させて，5ますを抽出します。その5ますに含まれる鳥の数の平均値を求め，それを100倍して全部の鳥の数を推定します。その結果と実数を比べます。

【つくり方】（型紙を141%に拡大）「抽出カード」を切り取ります。

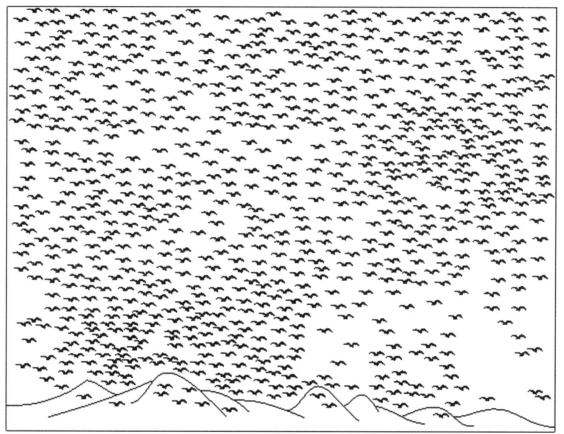

鳥は何羽

1	2	3	4	5
6 ろく	7	8	9 きゅう	10

抽出カード（画用紙）　——　切り取り

3年　標本調査

● 育てたい主な資質・能力

【知識及び技能】標本調査の体験を通して，その方法と有効性を理解することができる。
【学びに向かう力，人間性等】標本調査の有効性から，数学を生活や学習に生かすことができるという可能性を感得することができる。

● 授業の流れ

時	学習活動・教師の働きかけ（〇は発問）	生徒の反応・留意点
導入 （5）	〇鳥の数を求めるにはどのようにしますか？ ・自分の考えを表現する。	・標本調査につながる考えに着目させる。
展開 （40）	〇〈鳥は何羽〉を横，縦にそれぞれ10等分して，横縦それぞれに1～10の番号をつけます。裏返しにした「抽出カード」を2度引くことにより5ますを抽出します。 ・定規で線分を引き，100個のますをつくり，「抽出カード」により5ますを抽出する。 〇その5ますから全部の鳥の数を求めましょう。 ・5ますに含まれる鳥の数から全部の鳥の数を推定する。 〇無作為に抽出をしない場合と結果を比べてみましょう。 ・最初の5個のますを抽出する，「抽出カード」の一部のみを使用するなど，無作為に抽出しない方法を考えて計算し，比較する。 〇標本の大きさを変えてみましょう。10ますを抽出してみてください。 ・10ますを抽出し，5ますの場合と比較する。	・用語「標本」「無作為に抽出する」について説明する。 ・計算方法を考えさせる。 ・鳥の実数を提示する。 ・比較により無作為に抽出することの理解を深めさせる。 ・標本が大きい方が母集団の傾向を推定しやすくなることを理解させる。
終末 （5）	〇標本調査を利用できる場面にどのようなことがありますか？ ・標本調査が利用されている日常生活や社会の場面について考える。	・学習を振り返ることとして発問する。

● 授業の実際

①導入［問題を解決する見通しをもつ］
T　鳥の数を求めるにはどのようにしますか？
S　手分けして数えるのが無難ですが，分けづらいですね。
T　分けるという考えは利用できそうですね。

②展開［鳥の数を求める標本調査を体験する］
T　〈鳥は何羽〉を横，縦にそれぞれ10等分して，横縦それぞれに1～10の番号をつけます。裏返しにした「抽出カード」を2度引くことにより5ますを抽出します。
S　（「抽出カード」を引いて）2と8なので，このますですね。完全にますに入っていない鳥はどうしますか？
T　ますにくちばしの先が含まれている鳥は，そのますに含まれることにしましょう。
T　その5ますから全部の鳥の数を求めましょう。
S　5つのますに含まれる鳥の数の平均値は，$\frac{5+11+7+7+9}{5}=7.8$（羽）

ますが100個あるので，鳥全体の数は，7.8×100＝780（羽）
5ますの合計の20倍でもいいですね。

T　実際の鳥全体の数は810羽です。この鳥は何でしょう？
T　ハト（810）です。あと2回実験して，3回の平均値を求めてみてください。
　実験し，実数に近くなることを確認する。

ますの抽出数	1	2	3	4	5
ます	(8,8)	(5,8)	(6,5)	(4,1)	(7,5)
鳥の羽（羽）	5	11	7	7	9

T　無作為に抽出をしない場合と結果を比べてみましょう。
S　最初の横の5個のますで計算すると880羽になります。
S　下の横の5ますだと200羽にしかなりません。
T　標本の大きさを変えてみましょう。10ますを抽出してみてください。
S　5個のますの場合を2回することと同じですね。810羽に近くなりますね。

③終末［標本調査の利用について考える］
T　標本調査を利用できる場面にどのようなことがありますか？
S　テレビ番組の視聴率って，このような方法で調べているんですよね。
S　賞品のモニターもそうじゃないですか。

数学史すごろく

数学とそれをつくってきた人々の思いをつなげよう！

● どんな学習具？

3学年の補充的学習として，中学校3年間で学習してきた内容とそれにかかわる数学史上の人物をつなげ，数学を壮大な文化として捉える場面で使用します。数学の内容や記号の誕生を，遊びとしての知的好奇心やコミュニケーションを通して時系列で捉えるための学習具〈数学史すごろく〉です。

〈数学史すごろく〉は，中学校数学の内容にかかわる数学史をすごろくゲームとして構成したものです。すごろくは，遊びであり，誰でも楽しく取り組めること，コミュニケーションが自然に生まれること，歴史を捉えるには有効な時間軸を設定できるなどの有用性があります。

〈数学史すごろく〉

● 学習具の使い方

【ゲームのルール】3～5人ですごろくをします。
① 人物の業績が書いてあるますに止まったら，書いてある指示にしたがいましょう。
② "★"のますに止まったら，1番上の「数学記号カード」をめくって指示にしたがいましょう。
③ 数学の歴史において，数学者の考えがなかなか周りに受け入れられないことも多くあったため，「地道な努力と数学の発展回路」では"◎"のますにぴったり止まるまで，回路の外に出られません。
④ 「条件をそろえる回路」では，"☆"のますに止まるたびに「条件カード」をめくり，「二等辺三角形になるための条件」の2枚，「三角形の合同条件」の3枚，「平行四辺形になるための条件」の5枚のすべての条件がそろうまで回路の外に出られません。ただし，最初に止まった"☆"に示している条件をそろえます。

【つくり方】（型紙を234％に拡大）5人程度で協力して「数学記号カード」（2組）と「条件カード」（10組）をそれぞれ切り取り，ゲームをする前に裏返して重ねておきます（「条件カード」は条件ごとに）。さいころとこまを用意します。

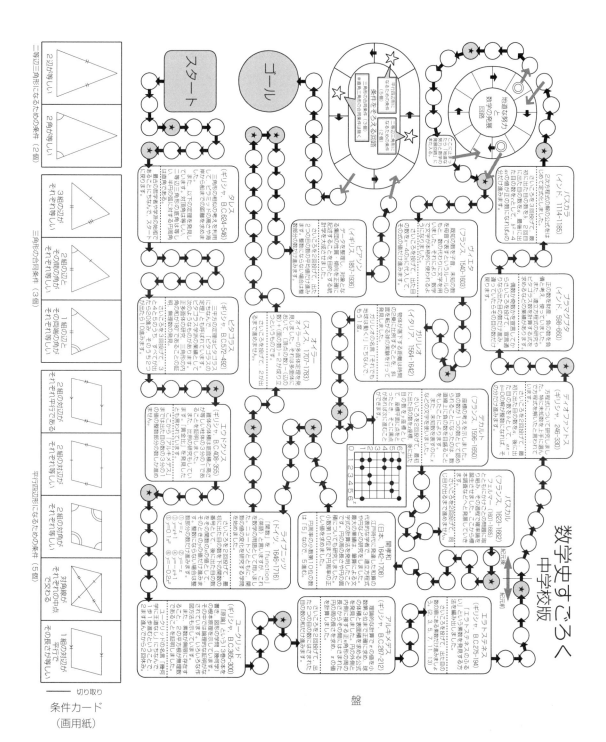

＋（計算の記号）	＋，－（符号）	＝	－（計算の記号）	＜ ＞ ≦ ≧	±
フランスのオレーム（1323-1382）はたし算を「et」というラテン語で表し、それが変形して現在の記号になったと言われています。計算の記号としては、オランダのフッケがはじめて用いました。	正負の符号としてはじめて用いたのは、ドイツのウイッドマン（1460-1498）で、それぞれ「超過」と「不足」を表すとしていました。「－」は「minus」の「m」の走り書きから生まれたと言われています。	イギリスのレコード（1510-1558）が用いました。平行線ほど等しいものはないというところから生まれました。	計算の記号としては、オランダのフッケがはじめて用いました（1514）。	「＜」「＞」はイギリスのハリオット（1560-1621）が、「≦」「≧」はフランスのボーガー（1698-1758）が用いました。	イギリスのオートレッド（1574-1660）が用いました。平方根を表す場面で使いますが、近似値の精度を示すときにも使われます。
さいころを2回投げて、出た目の数の和だけ進みます。	さいころを2回投げて、紀元前にいたら、出た目の数だけ戻り、紀元後にいたら、出た目の数だけ進みます。	さいころを2回投げて、出た目の数が等しいときにのみ、その目の数だけ進みます。	さいころを2回投げて、最初に出た目の数から後に出た目の数をひいた差だけ進みます。	さいころを2回投げて、最初に出た目の数が後に出た目の数に対して宣言通りなら、大きい目の数だけ進みます。	プラスマイナスで進まない。2回休み。

×	//	π	⊥	∠	△
イギリスのオートレッド（1574-1660）が用いました。	イギリスのオートレッド（1574-1660）が用いました。欧米では「‖」が使われることが多いようです。	イギリスのジョーンズ（1675-1749）が円周率の記号として用いました。ギリシャ語の周囲を表す語の頭文字からとったものとされています。	フランスのエリゴンヌ（1580-1643）がはじめて用いました。現在こまのあるますの真上か真下にあるます（前進する方）に移動します。	フランスのエリゴンヌ（1580-1643）が用いました。そこでは「＜」も角の記号として使われていました。角の大きさを表す単位「度」は回数を表すということにちなんで、もう一度。	フランスのエリゴンヌ（1580-1643）の出版した本の中で用いられています。ギリシャ時代にも使われていました。
「駆けて」速く進むということになぞらえて、次の「★」に進みます。	「どこまでも交わらない」ことなんで、あと2回（2回り）他のこまを追い越すことも追い越されることもできません。	3だけ進みます。			3だけ進みます。

a^n	√	÷	∽	⌒AB	≡
上の「a」が省略されない形の指数、累乗の現在の記法はフランスのデカルト（1596-1650）がはじめて用いました。	ラテン語の「根」という意味を表す「radix」の頭文字「r」を変形してつくられたもので、この形にしたのは、フランスのデカルト（1596-1650）です。	スイスのラーン（1622-1676）が用いました。分数を表した形で、横線（バー）の上下の「・」は「－」（マイナス）と区別するためにつけたものと言われています。	ドイツのライプニッツ（1646-1716）が考案しました。Similarity（相似）の「S」を横に倒したものと言われています。	フランスのカルノー（1753-1823）が用いたことが残されています。弧は円周の部分であることにちなんで、数学史の部分である現在こまがある前後の人物から人物のますの部分を1往復します。ただし、「パスカル」と「ヴィエタ」の間は該当しません。	ハンガリーのボヤイ（1775-1856）が用いました。それより先、ライプニッツ（1646-1716）は「∽」を使用しましたが、18世紀になって「≅」が使われるようになり、現在でも諸外国ではこの記号が使われています。
さいころを投げて、1か4が出た場合はそれを指数とする（－2）たその累乗の値だけ進みます。5と6が出た場合はそのまま。	さいころを投げて、1が出たら1、4が出たら2進みます。その他の場合はその目の数だけ戻ります。	さいころを2回投げて、最初に出た目の数を後に出た目の数でわった商の整数部分の数だけ進みます。	相似の記号は点対称な図形なので、次の順番はさいころの目の数だけ戻ります。		このますに来たときのさいころの目の数だけさらに進みます。

数学記号カード（画用紙）　　——— 切り取り

● **育てたい主な資質・能力**

【知識及び技能】中学校で学習してきた数学が、多くの人々のかかわりによりつくられていることを知り、数学を文化として捉えることができる。

● **授業の流れ**

時	学習活動・教師の働きかけ（○は発問）	生徒の反応・留意点
導入 （5）	○中学校で学習してきた数学をつくり上げた人々の業績を、すごろくを通して見てみましょう。 ・〈数学史すごろく〉を概観し、ルールを確認する。	・既習内容とのつながりを読み取らせる。
展開 （40）	○〈数学史すごろく〉で楽しく数学の歴史を感じてください。 ・各グループで、〈数学史すごろく〉を行う。	・自然のコミュニケーションを大切にする。
終末 （5）	○〈数学史すごろく〉をして感じたことを発表してください。 ・数人が感想を発表する。	・数学についての感想とする。

● 授業の実際

①導入［学習具を把握する］

T　中学校で学習してきた数学をつくり上げた人々の業績を，すごろくを通して見てみましょう。数学をつくってきた人のますには指示が書いてありますが，その設定の理由に関係のある業績が上に書いてあります。読みながら進めていきましょう。

S　ピタゴラスとガリレオとタレス以外は知らない。

T　このすごろくは，中学校3年間で学習してきたものに関係のある数学の歴史のみが表されています。数学の歴史の一部です。

S　そういえば，斜面の実験やピラミッドの高さを求める実験を授業でしたので，ガリレオとタレスのことを覚えているかも。

S　すごろくなんて久々で新鮮な感じがします。

②展開［すごろくゲームに取り組む］

T　〈数学史すごろく〉で楽しく数学の歴史を感じてください。

S　（「ピタゴラス」のますで）この指令？　　S　3：4：5が直角三角形になるからだよ。

S　三角形の和が180°を証明したのはピタゴラスなんだね。ピタゴラスっていろんなことに顔を出していますね。

S　（「数学記号カード」を引いて）記号にも人の名前がついている。記号をつくるのって適当でなくていろいろ考えているんだね。

S　全然教科書の順序と数学史の順序は違う。　　S　人の顔があった方がいいと思います。

T　（ゲーム終盤で）「条件をそろえる回路」は復習のつもりで入れたのですが，これらの条件をつくるのにも歴史があるのですよ。数学は内容のつながりを捉えることが大切ですが，ここに載っている人々も関連し合っているんです。ギリシャ時代は計算や測量のためだけではない理論的，証明する数学が，17世紀は記号を使う数学が発展していく流れがこのすごろくにも表されています。

③終末［ゲームを終えての数学についての感想を交流する］

T　〈数学史すごろく〉をして感じたことを発表してください。

S　数学は長い時間をかけて少しずつ改良されてきていると思った。でも，どのこともまだ完成していないとも思った。

S　科学と数学は近いものだと感じました。昔は分けられていたのでしょうか？

S　すごろくにいる人はほんの一部なんでしょうね。今，どのようなことが数学の研究として進められているのかが気になりました。

3年 補充的な学習

数学用語スケルトン

数学を表現する道具を備えよう！

● どんな学習具？

3学年の補充的な学習「用語・記号」で、数学の学習における用語を通して、中学校3年間の数学の学習を振り返る場面で使用します。数学用語の習得は、高等学校の学習に向けて、コミュニケーションの力を高め、数学の学習における学びを深めるための基盤をつくります。そのための学習具〈数学用語スケルトン〉です。

〈数学用語スケルトン〉は、スケルトンパズルで、中学校の数学の学習における用語の多くが登場するものです。「三角形，平行，$\frac{1}{2}$」から「ちゅうてんれんけつていり」のように、活字としての用語ではなく、その用語にかかわる内容から用語を導き出します。スケルトンパズルにより、知的面白みも味わえます。

〈数学用語スケルトン〉

● 学習具の使い方

「ヒント」から考えられる指定された文字数の数学の用語で〈数学用語スケルトン〉をすべて埋めます。用語は上から下，左から右に枠に入ります。枠の重なりがパズルのヒントにもなります。まず、それぞれの用語を導き出し、すべてひらがなにしてからスケルトンパズルに取り組みます。中学校3年間の用語のため、中学校の数学の学習を終えたところで使用します。
【つくり方】（型紙を200％に拡大）プリントとして使います。

[ヒント] から考えられる指定された文字の数の数学の用語（ひらがな）で〈数学用語スケルトン〉を埋めましょう。

[ヒント]
- ●12文字 ・作図，線分 ・x と y，解は無数 ・三角形，平行，$\frac{1}{2}$ ●11文字 ・正しいさいころ ●10文字 ・直角三角形，ピタゴラス
- ●9文字 ・$ma+mb=m(a+b)$ の m ・無作為に抽出する，視聴率調査 ●8文字 ・$a(b+c)=ab+ac$ ・$\frac{(y の増加量)}{(x の増加量)}$ ・すべてを調査，国勢調査
- ●7文字 ・$y=ax$ や $y=\frac{a}{x}$ の a ・反比例のグラフ ・各階級までの度数の総和 ・2直線，向かい合っている角 ・箱の横の長さ ・中心角の $\frac{1}{2}$
- ●6文字 ・代入して計算した結果 ・平行でなく交わらない2つの直線 ・円柱，円錐，回転の軸 ・柱状グラフ ・項が1つの式 ・文字の部分が同じである項
 ・$y=ax^2$ のグラフ ・2つの図形の対応する点同士を通る直線がすべて1点で交わる ・9の場合は±3
- ●5文字 ・正の整数 ・+3も−3もそれは等しい ・同じ数をいくつかかけたもの ・2つの数の積は1 ・平面だけで囲まれた立体 ・平面図，立面図
 ・連立方程式の解き方 ・あることがらが成り立つことを示すこと ・長方形と線を用いた図 ・場合の数，枝
- ●4文字 ・2乗 ・わり算 ・$2x$ の2 ・等号のある式 ・いろいろな値をとる文字 ・$-1 \leq x < 2$ ・$(2, 3)$ ・直線の一部
 ・記号「≡」 ・円の半径に垂直 ・x の値を決めると，それにともなって y の値もただ1つ決まる ・直線 $y=ax+b$ の b ・直線 $y=ax+b$ の a
 ・2直線が平行ならば等しい ・360° ・$90° < \square\square\square\square < 180°$ ・成り立たない例 ・さいころで1の目の出る割合は $\frac{1}{6}$ ・記号「√」
 ・分数で表すことのできない数 ・（誤差）＝（$\square\square\square\square$）−（真の値） ・$(x+2)(x+3)=x^2+5x+6$
- ●3文字 ・+5の「+」，−3の「−」 ・たし算，ひき算，かけ算，わり算 ・2，3，5，7，… ・等号や不等号のある式の右側の部分 ・$2x$ が $-2x$ に変身
 ・回転して側面をえがく ・「○ならば△」の○ ・ことばの意味をはっきりと述べたもの ・成り立つわけを示すことができたから ・「○ならば△」と「△ならば○」
- ●2文字 ・方程式を成り立たせる文字の値 ・円周上の2点を結ぶ

● 育てたい主な資質・能力

【思考力，判断力，表現力等】パズルを通して，数学の用語を確認することにより，3年間の学習を振り返り，高等学校の学習に向けて，コミュニケーションの力を高め，数学の学習における学びを深めるための基盤をつくることができる。

● 授業の流れ

時	学習活動・教師の働きかけ（○は発問）	生徒の反応・留意点
導入 (5)	○誰かにここにある図（マスキングしてある）を言葉だけで皆さんに伝えてもらいます。皆さんはその言葉を聞いて図をかいてください。伝達者へは質問をしないようにしてください。 ・伝達者の言葉から図を予想してかく。 ○あなたはどのように表現しますか？	・ゲームとして取り扱う。 ・数学の事項を言葉で伝える難しさとともに言葉の大切さを感じ取らせる。
展開 (40)	○〈数学用語スケルトン〉に取り組みましょう。 ・それぞれの用語を導き出し，すべてひらがなにしてからスケルトンパズルに取り組む。	・方法について理解させる。
終末 (5)	○数学の用語の必要性について考えてください。 ・考えを発表する。	・中学校の数学の学習を振り返ることとして発問する。

● 授業の実際

①導入［伝言ゲームを行う］

長方形，三角形，円，平行四辺形が組み合わされた図を使用する。

S （伝達した後）難しかった。図をかいて説明すること，図と言葉を合わせて説明することでないと難しい。
S （正しい図をかいて）でも言葉だけでもけっこうわかりますね。
T あなたはどのように表現しますか？
S アルファベットをまず図にかいてもらいます。

②展開［〈数学用語スケルトン〉に取り組む］

T 〈数学用語スケルトン〉に取り組みましょう。
S 忘れていますね。「回転体」「相似の位置」とか。あまり使わない言葉だと思います。

S　数学は言葉をあまり使わない印象があります。

③終末［数学の用語の必要性を考える］

T　数学の用語の必要性について考えてください。

S　用語から図を思い出したりするので，最初にした伝言ゲームのように数学を伝えることができる。

S　「分配法則を使う」とか理由を表したり，証明するときにも使うので。

【解答】

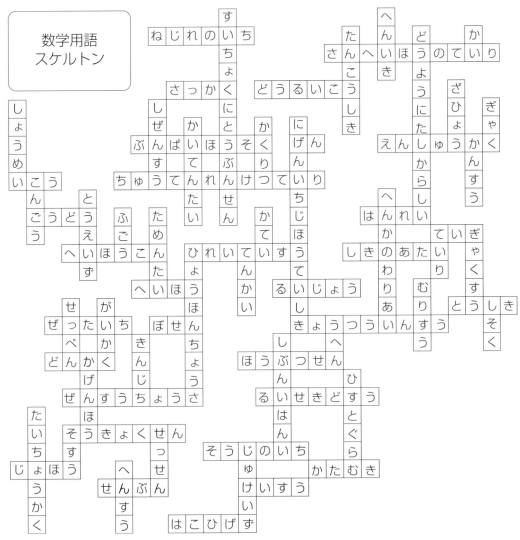

3年 中学校の数学の発展

高校へのかけはし

中学校の数学の発展を捉えよう！

● どんな学習具？

　3学年の発展的な学習「中学校の数学の発展」で，中学校の数学から高等学校の数学への発展を捉える場面で使用します。中学校の4領域の内容のうち展開，関数 $y = ax^2$，三平方の定理，データの散らばりが高等学校の科目「数学Ⅰ」及び「数学Ⅱ」の内容にどのようにつながり，発展していくのかを操作することにより感得するための学習具〈高校へのかけはし〉です。

　〈高校へのかけはし〉は，展開（2次）から展開（3次），関数 $y = ax^2$ から2次関数，三平方の定理から余弦定理，範囲から偏差，分散への広がりを操作により捉えるものです。

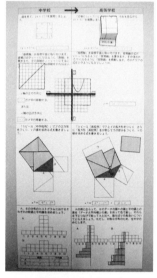

〈高校へのかけはし〉

● 学習具の使い方

[展開（2次）から展開（3次）へ]

（中学校）正方形の面積が $(x+1)^2$ であることを確認し，$x^2 + 2x + 1$ を求めます。

（高校）「立体 $(x+1)^3$」を組み立ててその体積が $(x+1)^3$ であることを確認し，立方体を8つのブロックに分けることから，$x^3 + 3x^2 + 3x + 1$ を求めます。

[関数 $y = ax^2$ から2次関数へ]

（中学校）「座標軸」の下で「直線」をスライドさせて，比例 $y = x$ のグラフを $y = x + 1$ にします。その移動を「y 軸の正の方向に1だけ平行移動する」または「x 軸の正の方向に－1だけ平行移動する」と捉えます。

（高校）「放物線」をスライドさせて，$y = x^2$ の頂点が（2，1）となるようにします。その式が $y - 1 = (x - 2)^2$，$y = (x - 2)^2 + 1$，$y = x^2 - 4x + 5$ になることを確認します。

[三平方の定理から余弦定理へ]

（中学校）「5ピース［中学校用］」でアの正方形をつくり，$x^2 = 4^2 + 3^2$ の式を求めます。

（高校）「6ピース［高校用］」でアとイの長方形をつくり，さらに「長方形［高校用］」を分割してウの部分をつくり，$x^2 = 4^2 + 3^2 + 4 \times 3$ の式を求めます。

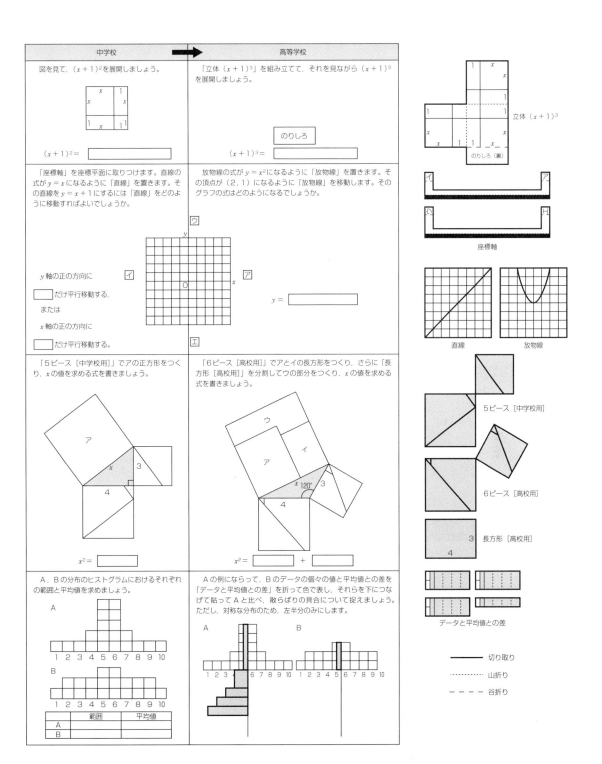

[範囲から偏差，分散へ]

（中学校）2つの分布の範囲と平均値を求め，それらが等しいけれども，データの散らばりの度合が異なることを確認します。

（高校）Bの分布について，データと平均値（5.5）との差を，「データと平均値との差」を折り，色のついた部分で表現します（5の場合0.5×3はすでに示されている）。それらを下につなげて貼っていき，Aの分布に比べ色をつけた部分の面積が大きいことを視覚的に捉えます（分散は偏差の2乗の平均値ですが，それにつながるものとして理解します）。

【つくり方】（型紙を200%に拡大）書かれている文にしたがって進めます。

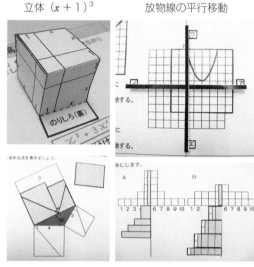

立体 $(x+1)^3$

放物線の平行移動

角の大きさが120°の三角形における余弦定理

データと平均値との差の和（Bの分布）

● 育てたい主な資質・能力

【知識及び技能】中学校数学の内容の高等学校数学の内容への発展の視点を，学習具の操作を通して捉え，数学のつながり，広がりを感得することができる。

● 授業の流れ

時	学習活動・教師の働きかけ（○は発問）	生徒の反応・留意点
導入 (4)	○高校の学習内容はどのようなものだと思いますか？	・中学校3年間の学習を振り返って考えさせる。
展開 (40)	○中学校での学習内容から広がる高校での学習内容を，学習具の操作から捉えましょう。 ・〈高校へのかけはし〉に取り組む。	・「導入」と「展開」を各項目単位で繰り返す。
終末 (6)	○高校の数学の学習に対する目標を発表しましょう。 ・目標を発表する。	・本時の学習の印象を含めてもよいことを伝える。

● 授業の実際

①導入［高等学校での数学の学習内容を予想する］（［関数 $y=ax^2$ から2次関数へ］の場面）
T　高校での関数の学習内容はどのようなものだと思いますか？
S　直線は1次関数で終わったので，複雑な曲線のグラフの関数を学習すると思う。

②展開［高等学校での数学の学習内容を捉える］
T　高校の関数の学習内容を，学習具の操作から捉えましょう。（学習具で）$y=x$ のグラフをつくってください。このグラフから $y=x+1$ のグラフをつくってください。
S　曲線，反比例のグラフとか放物線を平行移動することですか？ （中学校では）特別なものしか勉強していないことが多いということかな？

①導入［高等学校での数学の学習内容を予想する］（［範囲から偏差，分散へ］の場面）
T　高校でのデータの活用の学習内容はどのようなものだと思いますか？
S　標本調査からどう発展するかがイメージできません。

②展開［高等学校での数学の学習内容を捉える］
T　高校のデータの活用の学習内容を，学習具の操作から捉えましょう。AとBの分布のヒストグラムからそれぞれの範囲と平均値を求めてみてください。
S　どちらも範囲は9，平均値は5.5です。
T　2つの分布の範囲は等しくなりましたが，データの散らばり具合を等しいと捉えていいですか？
S　左右対称に散らばっているのは等しいけど，Bの方が均等に散らばっています。
S　結局，最大値マイナス最小値が等しければ範囲は等しくなるので，途中は無視していることになって，詳しくはわからない。－間－
T　（学習具の操作を終え）どのようなことがわかりますか？
S　グレー（色のついた部分）はBの方が大きいです。散らばっているってことですね。散らばり具合の表し方が何となく…（わかる）。（この方法は）有効。

③終末［高等学校の数学の学習に対する目標を発表する］
T　高校の数学の学習に対する目標を発表しましょう。
S　今日の4つのものを見ても，中学校からのつながりがあるので，中学校の復習を今のうちにして臨みたいと思います。
S　量が増えるのは不安ですが，中学校で教えてもらった図にかいて考える方法で頑張ります。
T　中学校の数学の印象はどうでしたか？ 「なぜ数学を学ぶのか？」という質問の答えを見つけることができたでしょうか？ 高校でも数学を楽しんでください。

【著者紹介】

渋谷　久（しぶや　ひさし）
1958年　北海道釧路市に生まれる
1981年　東京理科大学理学部卒業（物理学専攻）
1997年　北海道教育大学大学院教育学研究科修士課程修了
　　　　（数学教育専攻）
現在　　稚内北星学園大学教授（数学教育学）

主な著書
・『観察・実験を取り入れる数学の授業―紙教具がつくる数学とのふれあい―』（単著），1999年，明治図書
・『わかるから楽しい！中学校数学　おもしろ教材コレクション』（単著），2012年，明治図書
・東京書籍教科書『新しい数学』（2012年）の教材考案
　　現在　編集協力者

中学校数学サポートBOOKS
見てふれて、納得！
中学校数学　おもしろ教材＆授業アイデア

2019年2月初版第1刷刊　©著　者　渋　谷　　　久
　　　　　　　　　　　　発行者　藤　原　光　政
　　　　　　　　　　　　発行所　明治図書出版株式会社
　　　　　　　　　　　　　　　　http://www.meijitosho.co.jp
　　　　　　　　　　　　　　　　（企画・校正）赤木恭平
　　　　　　　　　　　　〒114-0023　東京都北区滝野川7-46-1
　　　　　　　　　　　　振替00160-5-151318　電話03(5907)6702
　　　　　　　　　　　　　　　　　ご注文窓口　電話03(5907)6668
＊検印省略　　　　　　　組版所　藤原印刷株式会社
本書の無断コピーは，著作権・出版権にふれます。ご注意ください。
教材部分は，学校の授業過程での使用に限り，複製することができます。

Printed in Japan　　ISBN978-4-18-069727-4

もれなくクーポンがもらえる！読者アンケートはこちらから